D1871044

चार दिन

चार दिन

डॉ. रामविलास शर्मा

वाणी प्रकाशन

वाणी प्रकाशन का 'लोगो'
विख्यात चित्रकार मक़बूल फ़िदा हुसेन की
कूची से

ISBN : 81-7055-350-4

वाणी प्रकाशन
21-ए, दरियागंज, नयी दिल्ली-110002
द्वारा प्रकाशित

फोन : 0091#11#23273167, 23275710
फैक्स : 0091#11#23275710
ई-मेल : vaniprakashan@gmail.com
vani_prakashan@yahoo.com
वेबसाइट : www.vaniprakashan.com

प्रथम संस्करण : 1993
द्वितीय संस्करण : 1994
तृतीय संस्करण : 2008
© रामविलास शर्मा
मूल्य : 95.00

आवरण सज्जा : वाणी प्रकाशन
अर्पित प्रिंटर्स, शाहदरा, दिल्ली-110032
द्वारा मुद्रित

CHAAR DIN

by : **Dr. Ramvilas Sharma**

पहला परिच्छेद

सुर्जपुर से प्रायः आठ फर्लांग दक्षिण की ओर पुराने दीर्घकाय आम, जामुन और महुए के वृक्षों से, उत्तरी किनारा छोड़, तीन तरफ से घिरा निर्मल जल से पूर्ण विशाल महासरोवर है। दक्षिण तट पर विस्तृत प्राङ्गण वाला सिंहवाहिनी देवी का मन्दिर है जिसकी वर्षातप में एक-सी रहने वाली मटियाली पताका कोस-सवा-कोस के अन्तर से भी अमराइयों के ऊपर फहराती दिखाई देती है। स्त्रियों की देवी पर विशेष श्रद्धा है। बच्चों के शीतला निकलने पर, किसी की आँखें उठने पर, पति के मुकदमे में फँसने पर, सभी प्रकार की आधि-व्याधियों में वे देवी की मानता मानती हैं। नवविवाहित वर-वधू को पहले देवी के दर्शन कराये जाते हैं, फिर उनका गृह-प्रवेश होता है। महासरोवर में प्रति सोमवार स्नान कर, देवी को सात बार प्रणाम करने से अन्धों का आँखें पाना, निःसन्तानों का सन्तान पाना और कुमारियों का सुन्दर पति पाना प्रसिद्ध है।

देवी-पाखों में यहाँ बड़ी चहल-पहल रहती है। वैसे तो हर सोमवार को एक छोटा-मोटा मेला-सा लगा रहता है, पर चैत्र शुक्लपक्ष की अष्टमी का मेला आसपास की जवार में अद्वितीय होता है। दो-तीन दिन पहले से ही दूकानदार दूकानें लगाना शुरू कर देते हैं, दङ्गल में अपना बल-कौशल दिखाने के लिए नवयुवक दो महीने पहले से कुश्ती लड़ते और कसरत करते हैं और स्त्रियाँ छह महीने पहले से मेले में जाने के लिए नये गहने-वस्त्रों की माँगें पतियों के सामने पेश करती हैं। अष्टमी के दिन स्वयं थानेदार साहब का मेले में उपस्थित रहना भी उसका कम महत्तासूचक नहीं।

प्रति वर्ष की भाँति आज भी मेले में काफी चहल-पहल थी, किन्तु दोपहर से भीड़ अधिक हुई, अथवा जैसा कि लोग-बाग एक दूसरे से

कहते—'दुपहरी ते मेला गरुआन है'। गृह-वधुएँ धराऊ लहँगा-ओढ़नी पहन, सफेद चादरें ओढ़, एँड़ी से चोटी तक यथाशक्ति अपने आपको चाँदी के गहनों से सजा कर आयी थीं। गले और नाक के ही कुछ आभूषण सोने के होते। कौन क्या पहन कर आयी है, किसके पति ने उसे नया गहना बनवाया है, इसकी उनमें विशेष चर्चा थी। साथ में आँखों में काजल और माथे में अनखन लगवाए, चमकते रेशमी वस्त्र पहने बालक थे। किसी को केवल कोट पहनाया गया था, किसी को कमीज ही, किसी को नई धोती पहना सिर में काली गोल टोपी देकर ही सन्तोष किया गया था। हाथों और पैरों में कड़े प्रायः सभी के थे। छोटे बच्चे पैरों और कमर में बजने वाली पहुँटिया और कर्धनी पहने भी दिखाई देते थे। वृद्धाएँ सादे लहँगे पहने केवल ओढ़नी ओढ़े थीं अथवा सादी धोतियाँ पहने थीं। वधुओं की भाँति वे घूँघट काढ़ कर न चलतीं। पुरुषों में नवयुवक ही विशेष बनठन कर आये थे। सभी ने आज के लिए शायद एक धोती-कुर्ता जुगो रक्खा था, जो वर्ष के अन्य किसी दिन—जब तक विवाहादि सरीखा कोई विशेष मौका न आवे—न पहना जाता था। लम्बी-लम्बी लाठियाँ सभी के हाथों में थीं; किन्हीं की बँधाई और चिकनी चुपड़ी थीं, किन्हीं की साधारण।

दोपहर लौटते जब सुर्जपुर के दस आने के चौहान जमींदार का लड़का मदनसिंह मेले में आया, तब मन्दिर में पैर रखने को जगह न थी। बाहरी फाटक में लगे घण्टे को प्रत्येक आगन्तुक बजाता; और इस समय वह अनवरत शब्द कह रहा था। प्राङ्गण में खासी भीड़ थी। डोम डफला बजा-बजाकर लोगों को भीतर जा प्रसाद चढ़ाने के लिए उत्साहित करता था। मन्दिर के भीतर तो फूल-पत्तों, बताशों और सेंदुर की कीच मची थी। स्त्रियों को मारे भीड़ के देवी का 'नीर' लेना मोहाल था। धक्का-मुक्की के कारण उन्होंने गीत गाना बन्द कर दिया था। मेले में जो स्त्रियाँ सौदा खरीदने निकली थीं, जो कुएँ पर बैठी सुस्ता रही थीं, अथवा जो वृक्षों के नीचे गाँव के स्त्री-पुरुषों की आलोचना कर रही थीं, मदन को देख कर बोलीं—'अब मदन आवा है।' एक नववधू ने अपनी अविवाहिता ननद से पूछा—'बिटिया, यहु मदन आय?'

'हाँ, हमरे गाँव के क्रेस्न-कन्हाई एई मदन आहीं'—उसने हँसते हुए उत्तर दिया।

मदन 27-28 वर्ष का ऊँचे इकहरे बदन का जवान था। रेशमी कुर्ता,

कलकतिया धोती, पम्प स्लीपर पहन उसने अपनी धजा सबसे निराली बना रक्खी थी। रङ्ग कुछ साँवला था; काली बड़ी ऊपर को उठी मूँछें, लम्बी नाक, कुञ्चित भौंहें उसके मुख को सहज ही रोषपूर्ण बनाये रहतीं। जब वह हँसता तो मूँछों के नीचे के दो सफेद बड़े दाँत चमक उठते। जब किसी की ओर देखता तो मानो पुतलियाँ आँखों के बाहर निकल पड़ेंगी। अन्य जनों के विपरीत मदन हाथ में एक लाल रङ्ग की छड़ी लिये था। बगल में छोटी आँखों और अश्रुहीन मुख वाला उसका परम मित्र रमचन्दा सुनार था। पीछे और साथी-सँघाती भी थे।

एक पान वाले की दूकान के पास जा मदन ने पान बनाने को कहा। 'केत्ती धूरि उड़ति है हियां'— आईने में अपना मुँह देखते उसने रमचन्दा से कहा। यद्यपि मेले में आये उसे थोड़ी ही देर हुई थी, तथापि उसकी मूँछों और तेल लगे छोटे बालों पर धूल पड़ने से किञ्चित सफेदी दिखाई पड़ने लगी थी। आइने में एक स्त्री का प्रतिबिम्ब पड़ते देख अपने मित्रों को वहीं छोड़ वह आगे बढ़ गया।

बराबर पहुँच उसने कहा—'भगतिन पाँय लागी।'

भगतिन ने कुछ उत्तर न दिया, किन्तु मदन को देख प्रसन्नता से उनकी सुर्मा लगाई हुई आँखें प्रफुल्ल हो उठीं और मिस्सी लगाये दाँत झलक उठे।

'चीज-वस्तु खरीदै क जो दामन कै जरूरति होय…' मदन ने कहा।

भगतिन ने बीच में ही, सिर हिलाते हुए कहा—'नाहीं, दाम हवैं।…आजु राति क तुम्हरे गाँवैं दुर्गापाठ करै अइहैं, मनु होय तो आयौ।'

मदन ने प्रसन्न हो कहा—'बहुत अच्छा, जरूर अइबे।

भगतिन मुस्कराती चली गईं। मदन खड़ा उनके बिछुओं और छड़ों का शब्द सुनता रहा, फिर अपने साथियों के पास लौट आया।

रमचन्दा ने मुस्कराते हुए पूछा—'का भगतिन रहैं?

मदन ने 'हां' कहा।

रामनगर के पुरोहित पण्डित दीनानाथ तेवारी की द्वितीय धर्मपत्नी को लोग भगतिन कहते थे। पान खा रमचन्दा बोला—'लखनऊ मँ हम एकु तें एकु रण्डी-पतुरिया देखा है, मुला हमरे गाँव की राजेसुरी के मुकाबिले…'—मदन हठात् चिन्तित-सा हो उठा। 'बिरकुलि अधखिली जुही कै कली हवै'—पान वाले की दूकान से आगे बजाजे की ओर बढ़ते हुए मदन ने एक लम्बी साँस

ल कहा—'हा, बड़ा सुन्दार ह। परा हम रामनगर जाइत रह, सुज बूड़ि गे रहैं; राजेसुरिया नन्दन के साथ अपनि गाय खेदे गाँवै आवति रहै'—चुप हो वह उसी दृश्य का स्मरण करने लगा। 'यहु नन्दन जाने काहे क वहि के पाछे लगा रहत है। ब्वालै-बतलाय क तौ सहूरु नहिंन। यहि का मिडिल पास न जानै को कै दीन। ऐसि परी तो...'—मदन की ओर देख वह हँसने लगा।

एक किताबों की दूकान में सब लोग किताबें देखने लगे। मदन ने तीन किताबें खरीदीं—'संगीत पूरनमल' जिसकी उसने तारीफ बहुत सुनी थी, 'रँगीली दुलहन' जिसका उसे नाम बहुत अच्छा लगा, और 'गजलों का फव्वारा' ऊपर के चित्र के कारण। पीतल के बर्तनों की दूकानों के बीच से होते सब लोग मेले के बाहर आये, जहाँ चीं-चीं करते झूलों में लड़के-लड़कियाँ झूल रहे थे तथा दूसरी ओर गाय-बैल, भैंसों आदि का क्रय-विक्रय हो रहा था। मदन के एक साथी ने आगे बढ़ महासरोवर की ओर उँगली उठाते हुए कहा—'वा द्याखौ जमुनी के तरे, राजेसुरी।' सब उसी ओर देखने लगे। मेले के कोलाहल से दूर महासरोवर के घाट पर एक ऊँचे जामुन के पेड़ के नीचे राजेसुरी बैठी थी। थोड़ी देर में उसने मदन को अपनी ओर आते देखा। उसका आना उसे अवश्य अच्छा न लगा; वह उठी और तेजी से मेले में एक ओर चली गई।

रमचन्दा ने और साथियों को पीछे छोड़ दिया; स्वयं मदन के पास आ बोला—'आओ ई अलँग चली, बिसातखाने कैती गैहै।' मदन और रमचन्दा राजेसुरी की तलाश में चले। खोजते-खोजते उन्होंने उसे एक चूड़ी वाले के पास चूड़ियों का भाव-तोल करते पाया।

हाथ में कुछ मोटी लाल चूड़ियाँ लिये वह कह रही थी—'पैसा की तीनि देव तो दुइ पैसा की लै लेई।'

अधेड़ मुसलमान चूड़ी वाला मुस्कराता बोला—'पैसे में तीन नहीं मिल सकतीं।'

मदन ने पास आ कहा—'राजेसुरी, ई घटिया चूरी का करिहौ लैकै? कहाँ तुम्हारि हाँथ, कहाँ ई चूरी? अच्छी चूरी देखाओ हो मियाँ।'

'बहुत खूब' कह कर चूड़ी वाला कुछ सुनहली और आसमानी चूड़ियाँ झौए के नीचे से निकालने लगा। लज्जा और क्रोध से उसके मुँह पर लाली छा गई। वह कुछ कहना चाहती थी किन्तु एक दबी नजर से आस-पास

वालों की आँखें अपने ही ऊपर लगी देख वह सकुचा गई। एक क्षण क बाद वह उठ खड़ी हुई और बौली—'हमका ई चूरी न चही।'

चूड़ी वाला बोला—'अरे यह चीज भी तो देखिये, जिस वक्त पहनोगी... ।'

राजेसुरी पीठ फेर आगे बढ़ना चाहती थी, किन्तु मदन ने रास्ता रोकते कहा—'राजेसुरी ई चूरी तो तुमका लेइ ही क परि हैं।'

'काहे'—सहज मदन के पीछे किसी का तीव्र स्वर सुनाई दिया। उसने घूमकर देखा, 23-24 वर्ष का कसरती पहलवान खड़ा है।

अपने छोटे होंठों में मुस्कराहट भर रंमचन्दा बोला—'अख्खाह, पंडित जी! पाँय लागी।'

सब लोग हँस पड़े। राजेसुरी को आगे कर चलते हुए उसने अपनी मोटी मजबूत गर्दन मोड़कर कहा—'मदन, चौहान के होयो तो आजु अखाड़े माँ उतर्‍यो।'

नन्दन की स्वभावतः ऊपर को उठी छोटी मूँछें और उसके सुन्दर मुख पर क्रोध की लालिमा रमचन्दा को अच्छी लगी। 'जवान होय तो ऐसन'—उसने अपने मन में कहा। जब उसने मदन की ओर देखा तो क्रोध के कारण उसकी भी आँखें लाल हो रही थीं, नीचे का होंठ अनजाने ही बार-बार दाँतों के बीच दाब रहा था।

दूसरा परिच्छेद

जिस ओर से राजेसुरी और नन्दन जा रहे थे, उस ओर के स्त्री-पुरुषों की दृष्टि हठात् उनके ऊपर जा पड़ती थी। आगे पतली काले किनारे की मोटी सफेद धोती और नीली धारीदार छींट का आधी बाँहों वाला सलूका पहने राजेसुरी चल रही थी। पैरों में उसके सुतकरे भी थे। पीछे हाथ में एक मोटी बँधाई लाठी लिये नन्दन था। उसके अङ्ग-अङ्ग से शक्ति फूटी-सी पड़ती थी। चलता था तो मानो पाँव धरती पर न पड़ते थे। अभिमान से ऊँचा सिर मानो सबसे कहता था—'सँभल कर सामने आना। मैं दो सेर भैंस का दूध पीता हूँ, घी खाता हूँ, कसरत करता हूँ। मेरा नाम नन्दन है।' राजेसुरी अधिक गम्भीर लगती थी। उसका रङ्ग गेहुँवा था, किन्तु ख़ूब निखरा हुआ। उसे देखने से प्रतीत होता था मानो उसका सौन्दर्य चुपचाप बैठा कुछ सोच रहा है। शरीर उसका पूर्ण स्वस्थ था। परिश्रम से हाथ-पैर सबल और कठोर हो गये थे। मुँह भरा हुआ था, किन्तु फूला हुआ नहीं; कानों से दाढ़ी की ओर ढाल-सा होने से कुछ लम्बा-सा लगता था। आँखें काली और बड़ी, सौन्दर्य की उसके पास सबसे बड़ी निधि थीं।

मन्दिर के पास पहुँच नन्दन ने देखा, राजेसुरी के वृद्ध पिता प्रसाद ले सीढ़ियों से उतर रहे हैं। उसने आगे बढ़ उन्हें भीड़ में से निकाला और कहा—'हम आइत तो रहै परसादु चढ़ावै। तुम बूढ़ि मनई यत्ती चटकई काहे क कीन्ह्यौ?'

'हम कहा, तुम पंचै मेला घाखै गेहौ, तहिले हम परसादु चढ़ाय आयी'—वृद्ध पुरुष ने उत्तर दिया।

राजेसुरी के पिता 60 के ऊपर ही होंगे। बाल सब सफेद हो गये थे। कहने को दाढ़ी रखाये थे किन्तु उचित सेवा न होने से वह बहुत लम्बी न

थी। चोटी की जगह के बाल गिर गये थे। शरीर में उनके एक गाढ़े का सलूका था और घुटनों तक धोती।

राजेसुरी ने कहा—'दादा, आजु नन्दन भैया कै मदन ते कुस्ती होई।'

वृद्ध ने हँस कर कहा—'अच्छा जोड़ु तो है। नन्दन सँभरि कै लड़्यो। मदनो अच्छा कुस्तिहा है। कुस्ती तौ तुमहूँ अच्छी लड़ति हौ मुला वहु फुर्तीला ज्यादा है।'

नन्दन ने ईषत् क्रुद्ध हो कहा—'जिनई दादा, तुमहूँ वही मदनै कै बड़ाई करति हौ। आजु देखि ल्याब वहि कै फुर्ती हम।'

वृद्ध का नाम पं॰ रामजियावन था, किन्तु गाँव वाले सुविधा के लिए उन्हें जिनई काका, दादा या बाबा कहते थे। उन्होंने पुनः हँसते हुए कहा—'अच्छा, तुम दूनौ जने दरसन कै आवो। फिरि अखाड़े चली। भीड़ लागै लागि है।'

नन्दन और राजेसुरी भीड़ को धीरे-धीरे पार करते मन्दिर की सीढ़ियों पर चढ़ने लगे। जिनई महासरोवर की एक सीढ़ी पर बैठ उसकी चपल निर्मल लहरों का नृत्य देखने लगे।

जब राजेसुरी और नन्दन मन्दिर से लौटे, तब दिन ढलने लगा था; धूप में पूर्व की तीव्रता न थी। स्त्रियाँ अपने घरों को प्रस्थान कर रही थीं। पुरुष दंगल देखने के लिए मेले से पश्चिम की ओर जा रहे थे। जब नन्दन आदि अखाड़े पहुँचे तब वहाँ काफी भीड़ लग चुकी थी। एक कुश्ती हो रही थी और दो-एक शायद हो भी चुकी थीं। तीन-चार जवान अखाड़े के बाहर थके-से सुस्ता रहे थे। मालूम होता था, लड़ चुके हैं। एक वृद्ध मुसलमान मियाँ हुसेनी अखाड़े का चक्कर लगा-लगा कर ढोल बजा रहे थे। हुसेनी ने मदन के पास आकर कहा—'मदन भैया, आजु केहिते होई तुम्हारि कुस्ती ?'

'नन्दन सुकुल ते'—रमचन्दा ने उत्तर दिया।

'वाह, बड़ा खासा जोड़ है'—सिर हिलाते हुसेनी ने अपना मत प्रकट किया।

रमचन्दा ने मदन से कहा—'वी द्याखौ, नन्दन और जिनइया आवति हैं। साथ मा राजेसुरियौ है।'

मदन ने उस ओर देख मूँछों पर हाथ फेरा और कहा—'आवै दियौ, आजु कितौ हमही हन कितौ नन्दनै।'

हुसेनी ने कहा–'नहीं भैया, अस ना कहौ। गुस्सा कै कुस्ती कबौं नहीं फलियाति। अबै लगे ई अखाड़े में जान जोखिम नहीं भा।'

भीड़ में जगह कर नन्दन ने जिनई और राजेसुरी को खड़ा कर दिया, और स्वयं अपने गाँव के लोगों के साथ बातें करने लगा। एक अधेड़ किसान ने उसे पाँय लागी कर पूछा–'आजु सुना है भैया तुम्हारि मदन ते कुस्ती होई?'

नन्दन ने आशीर्वाद देकर उत्तर दिया–'हाँ, होई तो जुड़ावन।'

जुड़ावन ने कहा–'यो मदन तुमहीं ते सूध होई। बड़ा घमण्डी हवै। चितवत है तो जानौ खा लेई। दस आना के जिमींदार का है, अपने आगे कोहू क गन्तेहे नहिंन। गाँव की बहू-बिटियन क निहारत है तऊँ अलग। सोहदन कै सोहबति करत है। तुम्हारि दादौ तो छा आना के हिस्सादार हैं, मुला तुमका तौ कबौं हम कोहू ते हकर-मकर करत न सुना।'

अखाड़े के पास बगलबन्दी पहने गाँव के उस्ताद दीनदयाल कुर्मी ने नन्दन से कहा–'नन्दन बाँधो लँगोट-वँगोट। याक कुस्ती औरु होय तहाँ तुम्हार लम्बरु है।'

'अच्छा काका'–कह नन्दन उठ खड़ा हुआ और लँगोट बाँधने लगा। मदन भी तैयार हो रहा था।

दीनदयाल ने दोनों का नाम लेकर अखाड़े में उतरने को कहा। मदन और नन्दन ने अखाड़े में आ थोड़ी-थोड़ी मिट्टी ले अली पर चढ़ा दी। नन्दन ने हाथ बढ़ाया, किन्तु मदन ने हाथ न मिला पैंतरा बदला।

जुड़ावन ने काफी ऊँचे स्वर में कहा–'दीनदयाल दादा, यो कामु मदन भैये बेजा कीन। हाथु मिलावै क कैदा है। फिर नन्दन बाह्मनु आय। मदन के पैलगी करै क चहित रहै।'

दीनदयाल चुप हो नन्दन और मदन का पैंतरा बदलना देखते रहे। दो पल बाद दोनों भिड़ गये। मदन को मेले की चुनौती भूली न थी; नन्दन का रोष तात्कालिक अपमान से पुनः जग उठा था। राजेसुरी कहीं यह न कहे कि वह सुस्ती से लड़ा, इसलिए दाँव-पेंच लगाने में वह विशेष फुर्ती दिखा रहा था। थोड़ी देर तक धर-पकड़ होती रही। एकाएक नन्दन का पैंतरा बिगड़ गया–दाहिना हाथ और दाहिना पैर एक साथ ही आगे बढ़ गये। मदन ने छूटते ही बायाँ हाथ बढ़ाकर नन्दन का पञ्जा पकड़ा और दाहिने

हाथ से सफाई से दस्ती खींची; देखते-देखते वह नन्दन के पीछे आ गया। अभी वह अच्छी तरह पकड़ न पाया था कि नन्दन दोनों हाथों से मदन की दोनों कलाइयाँ पकड़ कर चीरता दौड़ता हुआ छुड़ाकर निकल गया। लेकिन सामने होकर सँभल भी न पाया था, मिलने को हाथ उठाया ही था कि मदन ने बगल डूब की और मोजा पकड़ कर बैठा दिया।

किसी ने जुड़ावन से कहा—'हम जानित रहै आजु नन्दनवा नाक कटाई, मुला तुम पञ्चै लड़ावति रहौ तो हम कहा कि कहि कै असगुनु को करै।'

जुड़ावन चुप रहा।

तब तक मदन ने घिस्से से नन्दन को लम्बा कर दिया। चारों ओर सन्नाटा था, सबकी आँखें कुश्ती पर लगी थीं। हुसेनी मियाँ ने घूम-घूम कर ढोल बजाना बन्द कर दिया था और एक ओर खड़े हो कुश्ती देख रहे थे। किसी ने पीछे से उनका हाथ पकड़ उन्हें नीचे बैठा दिया, किन्तु उन्होंने घूम कर न देखा। राजेसुरी कम आग्रह से कुश्ती न देख रही थी। नन्दन को भारी ग्लानि हुई। राजेसुरी उसकी ओर देख रही होगी। हठात् उसकी आँखें उठ राजेसुरी की आँखों से पल भर को मिल गईं। क्षोभ से उसके सारे बिखरे शौर्य ने जैसे स्वयं एकत्र हो उठना चाहा। नन्दन एक हाथ से मदन का हाथ पकड़ कर सिमट कर बैठ गया। मदन ने कलाई छुड़ा फुर्ती से तरकस खींचा। लोगों को नन्दन के कुश्ती खाने की शङ्का हो रही थी कि नन्दन ने बँधे तरकस वाले हाथ को खींचते हुए दूसरी बगल को दबा कर एक साथ बगली और धड़ किया। दूसरे ही क्षण वह मदन की छाती पर आ बैठा।

सभी लोग वाह-वाह करने लगे। दीनदयाल ने कहा—'बसि ह्वै गै, छाँड़ि दियो।' मदन उठ कर शर्माता अपने साथियों में जा बैठा; वे सब चुप रहे। नन्दन अपने हर्ष को कठिनता से छिपाता जिनई के पास गया। 'स्याबासि बैटा!' जिनई ने कहा। राजेसुरी ने मुस्करा कर अपनी प्रसन्नता प्रकट की। जुड़ावन ने कहा—'वाह भैया, खूब किह्यो। हमरे मन कै किह्यो।'

हुसेनी फिर घूम-घूम कर ढोल बजाने लगे। दूसरी कुश्ती होने लगी। किन्तु लोगों का उसमें जी न लग रहा था। सब बार-बार मदन और नन्दन को देख रहे थे। अन्य गाँवों के लोग सुर्जपुर वालों से उनके विषय में पूछते। राजेसुरी के विषय में भी उनकी कम उत्सुकता न थी। एक जवान किसान जो सुर्जपुर का न था, अपने समवयस्क साथी से बोला—'बड़ी खूबसूरति है

रे।' दूसरे ने सहमत हो कहा—'राजा इन्दर कै परी है हो।'

जुड़ावन ने कहा—'औरी कुस्ती तो है रही हैं मुला नन्दन और मदन कै कुस्ती देखि कै फीकी लगती हैं।'

एक अपरिचित ने सिर हिलाकर कहा—'झूठै नहीं कहत हो भैया, वैसी कुस्ती हमहूँ बहुत कम दीख है।'

सूर्यास्त होते-होते उड़सी होने लगी। महासरोवर के किनारे के ऊँचे छायादार वृक्षों की चोटियों को चूम जब सूर्य की अन्तिम किरणें क्षितिज की काली विटप-श्रेणी के पीछे छिप रहीं, तब दङ्गल बन्द हुआ। आकाश में पक्षी टेढ़ी-मेढ़ी पंक्तियाँ बनाये अपने नीड़ों को लौट रहे थे। दूकानदार अपनी दूकानें कभी की बन्द कर इस समय खाने-पीने का प्रबन्ध कर रहे थे। मन्दिर का प्राङ्गण सूना था। केवल सीढ़ियों पर माली बैठा था। दिन भर के मिले पैसों और प्रसाद को उसने मालिन के हाथ सुर्जपुर भेज दिया था। लोग-बाग भी महासरोवर की अमराइयों से निकल टेढे-मेढ़े रास्तों से विभिन्न दिशाओं में अपने-अपने गाँवों की ओर चले। महासरोवर के सुदूर उत्तरी तट पर जहाँ वृक्ष न थे, एक बगुलों का झुण्ड आकाश से उतर मछलियाँ मार रहा था। मेले का कोलाहाल धीरे-धीरे पूर्व नीरवता में पूर्णतः विलीन हो गया।

सुर्जपर के लोग आपस में नन्दन और मदन की कुश्ती की आलोचना करते जाते थें। आगे नन्दन की टोली थी, पीछे मदन की। नन्दन की टोली में अधिक चहल-पहल थी। जुड़ावन ने कहा—'नन्दन भैया, काल्हि महाबीर सामी का परसादु बाँट्यो जेहि माँ मदन औरो जरि जाय।' नन्दन हँसने लगा। जिनई ने नन्दन की फुर्ती की तारीफ की। एक नवयुवक ने कहा—'नन्दन भैये मदन के बिलायती जूता और कलकतिया धोती के सान झरिहाय दीन।'

मदन की टोली में प्रायः लोग चुप थे। एक महाशय बोले—'नन्दन का जो मदन भाई अपन पहुँचा न पकरै देतीं तो वह न मारि पावत।' किसी के कुछ न कहने पर वह चुप हो गये।

मदन ने कहा—'रामचन्द, दीखतेऊ राजेसुरिया का, मुस्क्यातै रही रहै।'

रमचन्दा कुछ देर सोच बोला—'यहि का बदला तो लेइही क होई।'

मदन ने अपनी काली भौंहों को वक्र करते कहा—'नन्दन और राजेसुरी का जो माटी माँ न मिलाय दीन तो जानौ चौहान क बंसु न आहिन।'

दिया-बत्ती लगते सब लोग गाँव पहुँचे।

तीसरा परिच्छेद

अभी आकाश में बिखरे तारे इधर-उधर चमक रहे थे, परन्तु पूर्व में ऊषा की लालिमा छा गई थी। राजेसुरी ठण्ढी-ठण्ढी पुरवाई के झोंकों पर तैरती हुई-सी आज और दिनों की अपेक्षा कुछ तड़के ही खेत काटने जा रही थी। गाँव से उत्तर-पूर्व की ओर लगभग ढाई फर्लांग पर उसका खेत था। कभी आकाश की ओर कभी पृथ्वी की सफेद ठण्ढी धूल को देखती वह मीराबाई के गीत की दो-तीन कड़ियाँ, जिसे उसने नन्दन से सीखा था, गुनगुनाती जाती थी—

'मेरे तो गिरिधर गोपाल दूसरा न कोई।
अँसुवन जल सींच-सींच प्रेमबेलि बोई ॥'

क्या प्रेम-बेलि आँसुओं से सींची जाती है? वह सोचने लगी। आँखों के सामने नन्दन का मुख आया। संसार में वह दो को प्यार करती है, पिता जिनई को और नन्दन को। ···इस अवस्था में लड़कियों का विवाह हो जाता है। उसका विवाह तो हुआ नहीं। कब होगा? होगा जब होना होगा। एक आदमी पीला झँगवा पहन दूल्हा बन उसे ब्याहने आवेगा, बाजे बजेंगे, स्त्रियाँ गीत गायेंगी। बरात वालों से लड़ाई-झगड़े होंगे, अन्त में डोले में बैठ उसे कुहू-कुहू कर रोना होगा।

राजेसुरी को विवाह एक विचित्र स्वाँग लगा। वह हँसने लगी। वह ब्याह ही न करेगी। अपने बूढ़े दादा को छोड़ वह कहाँ जायेगी? दादा बहुत रोयेगा; दो-तीन दिन तक अन्न न खायेगा। नन्दन ही पानी-पत्ता को पूछे तो पूछे, नहीं तो और कौन पूछने वाला है? दो क्षण वह अपने अनाथ पिता का चित्र देखती रही। सहसा गाँव में कुत्तों के भूँकने के शब्द सुनाई पड़े।

राजेसुरी ने देखा, वह बीच गलियारे में खड़ी है। आगे बढ़ते दृढ़ता स उसन कहा–'अरे हम बिहाउइ न करिबे तो दादा क कस दुख होई।'

राजेसुरी जब अपने खेत के पास पहुँची, तब पूर्व में लाली न थी। प्रभात्त की शान्त, स्निग्ध प्रभा चारों ओर फैली हुई थी। पके गेहूँ के खेत की मेंड़ पर वह बैठ गई। आस-पास कटे-अधकटे, अधिकांश न कटे पके खेत खड़े थे। कमर से हँसिया निकाल उसने पैगें के पास डाल दिया। उत्तर की ओर दूर एक बाग की पुरवाई से हिलती आम्रशिखाओं को देख उसने कहा–'और जब दादा न रइहैं तब?' पिता का मृत्यु-दृश्य उसकी आँखों के सामने झूलने लगा। वृद्ध जिनई एक खाट पर लेटे खाँस रहे हैं, राजेसुरी उन्हें 'सूती' से पानी पिला रही है। उन्होंने उसका हाथ पकड़ छाती से लगा लिया, हिचकियाँ लेते कुछ कहने लगे, 'बिटिया अब तुम्हार दादा जात है। हमका भूल्यौ न...।' वह अधिक न सह सकी। उसका शरीर झिझक उठा। एक लम्बी साँस ले उसने कहा–'अरे भगवान ! का यहौ सब होई?'

अब सूर्योदय हो चुका था। वह उठ खड़ी हुई। मीठी-मीठी तापहीन सुनहली किरणों के प्रकाश में उसने अपना आँचल सँभाला। हँसिया उठा पूर्व की ओर पीठ कर वह एक तरफ से खेत काटने लगी। बाएँ हाथ से पके पेड़ों के मूठे बाँध दाहिने हाथ से वह चर्र-चर्र हँसिये से उन्हें काटने लगी। प्रत्येक मूठा काट वह पीछे के एक पूले में फेंक देती। थोड़ी ही देर में इस प्रकार के कई पूले बन गये।

प्रायः एक पहर दिन चढ़ने पर नन्दन आया। धोती में सिकुड़न पड़ी थी; बदन में एक आधी बाँहों की गोल गले की बनियाइन थी। मालूम होता था, अभी सोकर उठा है और वैसे ही चला आ रहा है। नन्दन को देख राजेसुरी ने हँसिया रख दिया।

नन्दन ने एक बार आँखें मल कर कहा–'आजु बहुत सोयन। राति मँ आँखि देर क लागि। अबै जब अम्मा जगायेन तब जागेन।' नन्दन ने अब देखा, राजेसुरी उदास-सी है। उसने पूछा–'काहे राजेसुरी, उदास काहे हो?'

उत्तर मिला–'नाहीं भइया, उदास तो नहीं हन। औंघानी हमहूँ हन तिनुक।'

नन्दन ने कहा–'हम खेतु कटा लेई आय। मुला हँसिया नहीं लायेन।

अपन हँसिया लावै दियौ। तहिले तुम सँहिताय लियौ।'

अस्वीकृति-सूचक सिर हिला एक हल्की हँसी हँसते हुए राजेसुरी पुनः खेत काटने लगी।

नन्दन ने कहा–'अच्छा पहिले हम दिसा-जंगल है आयी।'

राजेसुरी ने पुनः सिर हिला स्वीकृति दी। नन्दन पास के तालाब की ओर प्रातः क्रिया से निवृत्त होने चला।

जिस समय जिनई गाँव से गाय लेकर आये, उसी समय नन्दन भी लौटा। गाय चरने के लिए उन्होंने तालाब के पास छोड़ दी और फिर खेत की मेंड़ पर आकर बैठ गये। पारस्परिक अभिवादन के अनन्तर जिनई कमर से हँसिया निकाल खेत काटने चले। थोड़ी-सी नाहीं-नाहीं के बाद नन्दन ने उनके हाथ से हँसिया ले लिया और राजेसुरी से कुछ दूर हट स्वयं खेत काटने लगा।

नन्दन ने राजेसुरी के पूलों पर दृष्टि डाली। मन में बोला–'राजेसुरी हमते पहिले ते कटती आहीं, मुला हम बराबरि पर आ जइबे।' वह तेजी से हँसिया चलाने लगा। जिनई ने टोंका–'बेटा, हाथु कटै क बचाये रह्यो।' नन्दन 'हूँ' कहकर उसी प्रकार काटता रहा।

जिनई चुपचाप मेंड़ पर बैठे सोचने लगे–राजेसुरी का ब्याह··· । नन्दन राजेसुरी के साथ बहुत रहता है। गाँव वाले जरूर कानाफूसी करते होंगे। क्या करें, गरीब हैं, नहीं तो अभी तक ब्याह देते। नन्दन भी अच्छा लड़का है। सब काम अपने हाथों करने को तैयार रहता है। उन्हें तिनका भी नहीं छूने देता। एक तो अब बूते भी नहीं होता। राजेसुरी को बहन के समान ही समझता है। ब्याह तो हो जाता, लेकिन नन्दन का बाप शिवप्रसाद लालची है··· भगवान की इच्छा! तीन बच्चे हुए, तीनों लड़कियाँ। पहली आयी, वह माँ को साथ ले गई। वह तो फिर ब्याह न करते थे, लेकिन कुछ तो टोला-पड़ोस के लोगों ने जोर डाला, कुछ राजेसुरी की माँ को देख उनके मन में भी चाह उत्पन्न हुई। नानी के यहाँ तब वह न्योते गए थे। ताल से नहाये-धोये चले आ रहे थे, वह भी ठीक दुपहरी आमों के नीचे सहेलियों से बोलती-बतलाती नहाने चली आ रही थी। उनकी दृष्टि पड़ते ही तो उसने अपनी आँखें नीची कर लीं···जब तक बड़ी बिट्टी पेट में न आयी तब तक न दिन का दिन जान पड़ा न रात की रात। किन्तु

बिट्टी के होते ही वह निर्बल हो गई और फिर सदा अस्वस्थ रहने लगी। गरीबी में खिलाई-पिलाई न बन पड़ी, और क्या! सेवा-शुश्रूषा में तो उन्होंने कोई त्रुटि न होने दी। चौका-बर्तन, कूटना-पीसना तक उन्होंने इन्हीं हाथों से किया, किन्तु उसे कष्ट न होने दिया…।

वृद्ध पुरुष ने देखा, सामने सूरज चढ़ आया है। माथे का पसीना पोंछ सिर पर अँगोछा डाल वह सूर्य की ओर पीठ कर बैठ गये। …राजेसुरी के होते ही वह चल बसी। मरते वक्त कहने लगी—'ई बिटिया क' बेटवा ते बढ़ि कै मान्यो। या तुमका बड़ा सुख देई।' बेचारी बड़ी भलेमानुस थी। राजों-नवाबों के यहाँ रहने योग्य थी वह तो। उन सरीखे हरवाहे के जो गले पड़ी, सो उसका भाग्य। क्या किया जाय? जितने दिन का आयुर्बल था, उतने दिन तक जी।…राजेसुरी तब हाथ भर का मास-पिण्ड थी। बकरी का दूध पिलाकर इन्हीं हाथों से उसका मल-मूत्र उठा उन्होंने उसे पाला-पोसा। किन्तु राजेसुरी, वह भी उऋण हो गई। जैसी वृद्धावस्था में उसने उनकी सेवा की, वैसे श्रवणकुमार ने भी अपने अन्धे माता-पिता की न की होगी।

राजेसुरी का ब्याह…। रुपये कहाँ से आवें? बड़ी बिट्टी के ही ब्याह में घर शिवप्रसाद के गहने हो गया था। डेढ़ सौ रुपये कहाँ पावें? ब्याज बढ़ा होगा सो अलग। अबकी कतकी से चार साल पूरे होंगे। उँह, आस-पास के गाँवों के लोग मगर कहने लगे, ब्याह लड़की का किया तो पं. रामजियावन ने रुपये को पानी की तरह बहाया। …यदि राजेसुरी का ब्याह हो जाय तो उनकी देख-रेख कौन करेगा? खाट पर सड़-सड़कर मर जाना पड़ेगा। क्या किया जाय? पूर्व जन्म में किसी का कुछ देना होगा तभी तो बिटिया-ही-बिटिया हुईं।

नन्दन ने धूप के बचाव के लिए आधी धोती खोल कर सिर में बाँध ली थी। पीठ पर बनियाइन पसीने से भीग रही थी। राजेसुरी की धोती सिर से खिसक जूड़े से अटक रही थी। माथे पर पसीने की बूँदें झलक रही थीं; कलाइयों के ऊपरी भाग पेड़ों की रगड़ से लाल पड़ गये थे, छोटे-छोटे भूरे तिनके पसीने में इधर-उधर चिपक रहे थे। नन्दन कोई बात बड़ी देर से सोच रहा था। जिनई की ओर उसने कई बार देखा था। अन्त में साहस सञ्चय कर आँखें नीची ही किए उसने कहा—'दादा, राजेसुरी का बिहाओ

कबै करिहौ?

चुप हो वह और भी तेजी से हँसिया चलाने लगा। राजेसुरी ने क्षण भर के लिए हाथ बन्द कर आँचल सँभाला। सूर्यातप और परिश्रम से लाल मुँह और भी आरक्त हो उठा। जिनई ने आँख उठाकर नन्दन की ओर देखा। अप्रतिभ हो वह अपने ही प्रश्न पर कुछ-कुछ पछता-सा रहा था।

जिनई कुछ कहने ही जा रहे थे कि सामने उन्होंने पके खेतों को बीच से चीरते मेंड़ पर मदन को जाते देखा। उन्होंने धीरे से कहा–'धाखौ मदन जात है!

नन्दन ने गर्दन उठा उसे भली प्रकार देखा। वह इन्हीं लोगों को घूरता जाता था, किन्तु नन्दन के उधर देखते ही उसने मुँह फेर लिया। नन्दन अपनी कल की विजय पर पुनः प्रसन्न हुआ। राजेसुरी ने अवज्ञापूर्वक उसे एक बार कनखियों से देख लिया।

नन्दन ने कहा–'रामनगरै जात है।'

जिनई ने 'हाँ' कहा।

राजेसुरी बोली–'दादा, अब बसि करी। बाकी वी बेरिया काटै क होई। नहीं तो फि रोटी-पानी क अब्यार होई।'

'हाँ, बिटिया, अब बन्द कै दियौ'–जिनई ने कहा–'अब दिनु बहुत चढ़ि आवा है।'

राजेसुरी उठ खड़ी हुई।

नन्दन और राजेसुरी ने अपने-अपने काटे हुए पूलों को दो बड़े-बड़े बोझों में बाँधा।

नन्दन ने किञ्चित् ईर्ष्या भरे नेत्रों से देखा, राजेसुरी का बोझ कुछ बड़ा है। बोझ उठा दोनों खलिहान की ओर चले।

खलिहान पीपल के पेड़ के नीचे एक छोटे-से झारे-बुहारे मैदान में था। समीप के ही दो आमों के नीचे और लोगों की भी राशियाँ लगी थीं। पीपल के नीचे जिनई की बरिया (छोटा खेत) के जौ की राशि लगी थी। कल तक वह कट चुकी थी। बरिया और बड़ा खेत दोनों ही पं. शिवप्रसाद के थे; जिनई लगान पर उन्हें जोतते-बोते थे। पहले की राशि से अलग राजेसुरी और नन्दन ने एक ओर अपने बोझों को डाल दिया।

राजेसुरी बैठ कर सुस्ताने लगी। बोझ उठाने से वह कुछ थक गई थी; पसीने से मुँह तर था और कुछ बाल खिसक कर माथे से चिपक रहे थे।

नन्दन ने सिर में बँधी आधी धोती खोल उसके तिनके झाड़ते हुए कहा—'दादा, अब हम चली न?'

'हाँ बेटा, बड़ी मेहनति कीन्ह्यौ'—जिनई ने कहा—'घरै जाओ नहीं तो सिउपरसाद भाई रिसाय लगिहैं।'

नन्दन अधिक कुछ न कह गाँव की ओर चल दिया। राजेसुरी ने मन में कहा—आज नन्दन बैठ कर सुस्ताया नहीं। खेत में किये गये अपने प्रश्न पर शायद वह अब भी लज्जित हो रहा था।

जिनई गाय खेदने चले गये।

चौथा परिच्छेद

नन्दन अभी खलिहान से थोड़ी दूर आया होगा कि किसी ने उसका नाम लेकर पुकारा। चौंक कर उसने देखा, गलियारे के दाहिनी ओर इमली के पेड़ के नीचे बैठे पं॰ शिवशेखर द्विवेदी उसे पुकार रहे हैं। नन्दन ने पास जा प्रणाम किया। इमली से कुछ दूर ऊसर में उनकी गाय चर रही थी और पण्डित जी के निकट ही बैठा उनका 16-17 वर्ष का शिष्य विवाह-पद्धति के श्लोक याद कर रहा था। पंडित जी ने नन्दन को आशीर्वाद दिया और वह बैठ गया। सहसा एक खेत में गाय को जाते देख उन्होंने चिल्लाकर कहा–'अरे देवी, गाय गै ख्यातै!' देवी श्लोक के एक चरण 'ब्रह्मामुरारी त्रिपुरांतकारी, ब्रह्मामुरारी त्रिपुरांतकारी' की आवृत्ति करता गाय लौटाने दौड़ा।

'का जिनई भाई क खेतु कटावैं गे रहौ?' मुस्कराते हुए पंडित जी ने पूछा। उनका शरीर कुछ स्थूल था, ख़ूब खाये-पिये जान पड़ते थे। उम्र होगी चालीस के इधर-उधर।

नन्दन ने कहा–'हाँ।'

'काल्हि सिउपरसाद भाई ते तुम्हरे बिहाए के बाबति बतकहाव भा रहै। कहति रहैं, हमतो करै क तयार हन, मुला नन्दनै क मनु नहिंन।'

'हाँ, बात तो ऐसि ही है। वी पावैं तो आजु कै लेंय; मुला हमहीं सोचित है, को अबहीं ते गिरिस्ती के बन्धन मा परै। अबै उमिरि ही केत्ती है हमारि!'

नन्दन और द्विवेदी जी ने इसी समय गलियारे में राजेसुरी और जिनई को अपनी गाय के साथ गाँव जाते देखा।

कठिनता से अपनी मुस्कराहट छिपाते द्विवेदी जी बोले–'उमिरि काहे

नहिन? पचिसईं छब्बिसई मँ व्हैहो?'

'अब चौबिसईं मँ हन।'

'जब हमार बिहाओ भा रहै, तब तुम पायेन-पायेन चलै लागि रहौ। बिहाए क भई है हैं बाईस तेईस बर्सें। मुला जो चौबिसे के होअ तो का अबै बिहाए कै उमिरि नहीं भै?'

नन्दन चुप रहा। उसके विवाह की इन्हें इतनी चिन्ता क्यों है, वह समझ न सका। देवीदत्त गाय लौटा कर अब श्लोक का दूसरा चरण रटने लगा था।

पण्डित जी ने फिर कहना आरम्भ किया–'हमार पहिल बिहाओ भा रहै जब हम दस बर्स के रही। स्वारा बर्स के भैन तब तुम्हारि पहिलि काकी जाति रही। हम फिर मनोहर पण्डित ते संस्कृत पढ़ै लागेन। मनोहर पंडितौ अपने दिनन माँ एकुइ रहैं। जवारि माँ का कोऊ उनके समुहे मुँह खोलि सकत रहै ? हमहूँ तुम्हरी नाईं तबै कही कि बिहाओ न करिबे। मुला मनोहर पण्डित कहै लागि–बेटा सिउसेखर, बिहाओ तुमका करई क परी। का करित, बड़ेन का कहा टारा टारि जात है? अठारा बर्स के रही तब दूसर बिआहु भा। भगवान कै मर्जी, सन्तान कौनिउ दुलहिन ते न बदी रहै। आजु दुइ साल होति आवति है तुम्हरी काकी का गुजरे।'

शिष्य किसी चरण पर अटक रहा था। पण्डित जी एक-एक अक्षर का अलग-अलग उच्चारण करते बोले–'गुरस्च सुक्रो खनिराहुकेतवह, गुरस्च सुक्रो···' 'ख' पर उन्होंने विशेष जोर दिया। शिष्य ने तदनुसार उसे रटना आरम्भ किया।

'अब हमरे लगे हमरी मौसी क लरिका यहै देवीदत्त रहत है।' देवीदत्त ने मानो अपना नाम सुना नहीं; बड़ी तत्परता से पाठ की आवृति करता रहा। 'लोग-बाग तो अबहूँ कहति हैं, द्विवेदी जी बिहाओ कै काहै नहीं लेत्यो, का लड़किनिन कै कमी है ? मुला हमहीं कहित है···।'

सामने सभ्य लिवास में एक सज्जन को आते देख द्विवेदी जी की बातों का क्रम बन्द हुआ। पास आने पर बगलबन्दी पहने, माथे में चन्दन लगाए आगन्तुक को बड़े प्रेम से उन्होंने 'गोपाल भाई' कहकर नमस्कार किया। साफे के छोर से मुँह का पसीना पोंछते गोपाल पण्डित बैठे और एक बार ध्यानपूर्वक नन्दन को देखा। 'ई पं॰ सिउपरसाद सुकुल के लरिका नन्दन

आहीं'–द्विवेदी जी ने परिचय कराते हुए कहा। नन्दन ने प्रणाम किया।

'जियत रहौ बेटा, जियत रहौ'–गोपाल पं॰ ने प्रसन्न हो आशीर्वाद दिया।–'दुबेदी भाई, लरिका का है, हीरा है, कैस सभ्य, कैस सुसील!'

द्विवेदी जी सिर हिलाते हुए नन्दन की ओर देख मुस्कराए और बोले–'यहि माँ का सन्देह है।'

'सिउपरसाद भाई घरै माँ मिलैं चहै?' गोपाल पं॰ ने पूछा। नन्दन चुप रहा।

द्विवेदी जी ने कहा–'हाँ घरै माँ व्हइहैं। आओ, चलिहौ?'

'हाँ, चलो चली।'

देवीदत्त से पुस्तक ले द्विवेदी जी ने उसे बताते कहा–'य ठाँय ओङ् अर्चय-अर्चय तक यादि कै डारौ; फिर गाय खेदि लायो। तहिले हम चलित है।'–शिष्य ने सर हिला पुस्तक ले ली।

'धन्य हौ द्विवेदी जी, धन्य हौ'–गोपाल पं॰ ने गद्गद कण्ठ से कहा–'तुम विद्यार्थिन का विद्या दान न दियो तो को देय?'

द्विवेदी जी केवल मुस्कराए, जिसका ऊपरी भाव था, अरे मैं किस लायक हूँ, और भीतरी, जो आप कह रहे हैं बिल्कुल ठीक है। शिष्य को वहीं छोड़ सब लोग गाँव चले।

पं॰ शिवप्रसाद नहा-धोकर चौपाल में तख्त पर बैठे पूजा कर रहे थे। काले, लाल और सफेद पत्थर व पीतल की मूर्तियों को स्नान करा चन्दन लगा चुके थे। द्विवेदी जी आदि जब उनके यहाँ आये तब उन्होंने पं॰ शिवप्रसाद को आँखें मूँदे ध्यान में बैठे पाया। दूसरे चबूतरे पर पड़ी चारपाई पर नन्दन ने दोनों सज्जनों को बैठाया। द्विवेदी जी ने धीरे से गोपाल पंडित के कान में कहा–'बड़े भक्त मनई हैं, नन्दन के पिता।'

'वाह-वाह धन्य हैं'–गोपाल पं॰ ने स्वर में स्वर मिलाते हुए कहा। मालूम होता था, उनके वाक्यों को पं॰ शिवप्रसाद ने सुना अवश्य, क्योंकि उनका मुख पहले की अपेक्षा और भी गम्भीर हो गया। उनके बाल अधिकांश पक चुके थे, किन्तु बिना पके भी काफी संख्या में थे। शरीर यद्यपि इकहरी काठी का था, तथापि देखने से प्रतीत होता था कि युवावस्था में यह अच्छे कसरती जवान रहे होंगे। नन्दन से उनकी कोई विशेष आकृति-समानता न जान पड़ती थी। नन्दन शायद अपनी माँ को पड़ा था।

पं. शिवप्रसाद ने आँखें खोल आश्चर्य से पहले द्विवेदी ज़ी फिर गोपाल पंडित की ओर देखा, आकाश में उड़ते सहसा मानो उनके पैर पृथ्वी में लगे हों।

द्विवेदी जी ने कहा—'आप पंडित गोपाल बाजपेयी आहीं। महराजपुर माँ जहाँ हमार पहिल बिहाओ भा रहै, हुऐं आपका निवास-स्थान है।' गोपाल पंडित ने पं. शिवप्रसाद को नमस्कार किया, जिसका उन्होंने सादर और सहास उत्तर दिया।

'रिश्ते माँ हमरी सगी मौसिया सासु की बहिनी के लरिका आहीं; घरै के आदमी हैं। औरु··नन्दन क द्याखै के बरे आए हैं।'—द्विवेदी जी ने कहा।

पं. शिवप्रसाद ने किसी चतुर वक्ता की भाँति अपने लम्बे व्याख्यान की भूमिका-सी बाँधते पहले धीरे-धीरे कहा—'नन्दन आपके समहे है। आप देखि लेयँ।' नन्दन इस समय उठकर भीतर गया; और घर से डोल, लोटा, धोती आदि ले कुएँ पर नहाने चला गया। पं. शिवप्रसाद को निश्चय ही उसका जाना अच्छा न लगा, तथापि उन्होंने उस भाव को मुखाकृति से प्रकट न होने देने की भरसक चेष्टा की। गोपाल पंडित ने समझा, लड़का शर्माता है। उन्होंने धीरे से द्विवेदी जी के कान में कुछ कहा। द्विवेदी जी प्रकट में बोले—'तौ इनका कुण्डली दै दियौ, जेहि माँ अपन सोचि-विचार लेयँ। और··लेय-देय की बाबति जहाँ तक निगाह होय, तौनौ इनका जनाय दियौ।'

पं. शिवप्रसाद मानो इसी प्रश्न की प्रतीक्षा में थे, बोले—'द्विवेदी जी, तुम तो जन्तै हौ, नन्दन की खातिर केत्ते देखुआ लौटि गे हैं। जऊँ हमार कुलु है, वहौ तुम जान्ति हऊ। जैस लरिका है, वहू का भला-बुरा, नीक नकारा तुम दीख हउ। अबै परौं कानपुर के याकै तेवारी आए रहैं। हियैं जनम-पत्री आदि सब मिलाय के दीखेनि। बाना-वाना बन्तु सब बनिगा।'—गोपाल वाजपेयी और द्विवेजी जी, दोनों ही सज्जन इस प्रकार सर हिला रहे थे, मानो उन्हें शिवसप्रसाद की बातों में यत्किञ्चित् सन्देह भी नहीं है।—'करारै मदार मँ हमारि उनकै न पटी। वी चारि हजार तक आए रहैं औ हम छः हजार कहित रहै। हम कहा, हमरे बाबैं हमरे बिहाए माँ सात हजार नगद दायजु पावा रहै। सैकरन तरा के बर्तन भँड़वा, एकु-त्ते-एकु बढ़ि कै कपरा, उन सबते मतलब नहीं। तौनो बर्तउनी में कौनिउ बात के पीछे तकरार है गै तऊँ बिना बिदै कराये सब सीधा सामान हुऐं छाँड़ि कै चले आए रहैं। अब

हम अपने लरिका के बिहाए माँ का छहौ हजार मॉगे के गुनागार हन?'

गोपाल पंडित ने कहा—'नाहीं, गुनागारी कौनी बात कै है। तुम्हार लरिका आय, जऊँ मागौ तऊँ थ्वारा। मुला हमहूँ गरीब मनई हन। घर कै दुइ चारि बिगहा जौन जमीन है, वही का बोइ-जोति कै कौनिउ तरा जिउ जियाइत है। यहै अकेलि लड़किनी है हमारि। अस कुछु करौ कि तुम पंचन की दया ते हमरो बेड़ा पार लागि जाय।' पं॰ शिवप्रसाद चुप रहे, मानो कह रहे हों, ये सब बातें हम जानते हैं; छः के बदले तुम सात हजार दे सकते हो।

द्विवेदी जी ने कहा—'अच्छा तो इनका जनम-पत्री देखाय दियौ आय। तुम्हारि निगाह इनका मलुमै ह्वै गै है। रहा कमती बढ़ती का; तऊँ घरै के आदमी आहीं; जऊँ कमती-बढ़ती होय क होई, ह्वै ही जाई।' पं॰ शिवप्रसाद 'बहुत अच्छा' कह भीतर कुण्डली लेने चले गए। नन्दन भी नहा कर उनके पीछे ही घर में गया।

कुण्डली आने पर गोपाल पं॰ ने एक सफेद कागज पर उसकी नक़ल की और फिर दो-एक विनय की बातें कह पं॰ शिवप्रसाद को प्रणाम कर द्विवेदीजी के साथ चले गए।

पाँचवाँ परिच्छेद

दोपहर लौटते मदन ने रामनगर में प्रवेश किया। ठीक पं. दीनानाथ तिवारी के दरवाजे जाकर रुका। छप्पर के नीचे चबूतरे पर बैठ वह अँगोछे से हवा करने लगा। घर के सामने पक्का कुआँ था जहाँ एक अधेड़ किसान नहा रहा था; खेत से आने में उसे शायद देर हो गई थी। बाहर कुछ आहट पा भगतिन ने किवाड़ों की ओट से झाँका। मदन को देख कहा—'चले आवो भीतर, हैं नहिन।' मदन चुपचाप भीतर चला गया।

कोठरी से एक साफ-सी कथरी ला खमसार में भगतिन ने चारपाई बिछा दी। मदन चुपचाप उस पर बैठ गया। भगतिन को उसका इस प्रकार चुप रहना कुछ खला-सा; बोलीं—'काल्हि तो खूब आयो। अब आए हौ तौ यहु रूप बनाए हौ?'

मदन ने हाथ पकड़ पास बिठाते कहा—'काल्हि के हेवाल अब कुछु न पूछौ।'

'अरे जाओ, नन्दन उठाय कै दै मारेसि'—भगतिन ने हँसते हुए कहा। मदन की भौंहें तन गईं। पर वह आँखें नीची ही किये रहा। मन में बोला—'यहू क मालुम परिगा।' भगतिन ने पुनः कहा—'वाह, यही के मारे न आयो। याक राति खराब गै।' मदन को राजेसुरी का मुख याद आया; एक बार भगतिन के प्रति उसे घृणा प्रतीत हुई। बोला—'हार-जीत कै बात नहिनैं भगतिन! काल्हि नन्दन के साथ राजेसुरी रहै। वैं हमार बड़ा अपिमानु कीन।'

आले से थैली ले भगतिन सुपारी कतरने लगीं। कहा—'राजेसुरी क नाँव हमहूँ सुना है। सुनित है बड़ी नीकि है।' सुपारी कतरना बन्द कर उन्होंने मदन के मुँह की ओर देखा।

'हाँ बड़ी नीकि है'—मदन ने धृष्टतापूर्वक उत्तर दिया। 'औ जो वहिका

हम हथियावा ना तो जानौ चौहान का बीजु न आहिन।'—दाहिना हाथ वह सहज ही मूँछों पर फेरने लगा।

कतरी हुई सुपारी थैली में डाल मदन की ओर तिरछी आँखों से देखते भगतिन ने सक्रोध कहा—'फिरि जातू नहिन वही राजेसुरिया के लगे, हियाँ का करै आये हौ?' साथ ही राजेसुरी को स्त्री-सुलभ दो-चार विशेषणों से भी उन्होंने विभूषित किया।

मदन ने धीरता से उत्तर दिया—'हम तुम ते सल्लाह करै आयन है।'

'हमार मूड़ु काटै कै सलाह करै आये हौ, हमहीं ते?'

'जौनि बात हम ठानि लेइत है तौनि ह्वै के रहति है, चाहै धरती ऐसी ते वैसी ह्वै जाय।'

भगतिन ने मुँह बना कर कहा—'काल्हि जब नन्दन अखाड़े माँ धूरि चटाय दीन्हेसि तब तो धरती ऐसी ते वैसी न ह्वैगै।'

मदन अधीर हो उठा। भगतिन का बायाँ हाथ अपने दाहिने हाथ से जोर से दबाते हुए दाँत पीस कर बोला—'सूधे-सूधे बातें करो हमते। बहुत चकर-मकर न करौ नहीं तो तेवारी ते तुम्हारि करनी-करतूति सब बर्नन कै द्याब, तऊँ घर माँ पाँओ न धरै पैहो।' भगतिन के ऊपर मानो घड़ों पानी पड़ गया। मदन यह भी कर सकता है? और अपने लिए तो मानो संसार में उसे किसी का भय ही नहीं ! न एक न दो। भगतिन भीगी बिल्ली-सी चुप बैठी रहीं। मदन मन में प्रसन्न हो नीचे की ओर देखता कुछ सोचता रहा।

थोड़ी देर में बोला—'हम चहित हैं, नन्दन क कतौं चटकई बिहाओ ह्वै जाय। जो कतौं राजेसुरी के साथ वहिका बिहाओ पक्का ह्वैगा तौ जानो हम जियतै मरेन।'

भगतिन सोचने लगीं। मदन-रचित चक्रव्यूह से निकलना उन्हें सरल न जान पड़ा। सहसा उन्हें ध्यान आया, मदन ने तेवारी के बारे में कुछ भी नहीं पूछा। कहाँ गए हैं, कब आयेंगे? ऐसे बैठा है जैसे इसी का घर हो। बोलीं—'जो ऐसे में तेवारी आ जाँय तौ?'

'उँह, जौनि बात पूछा है, वहि का जवाब दियौ। तेवारी अइहैं तब उनहुँन क समुझि ल्याब।'

'खैर, चिन्ता कै बात नहिंन'—भगतिन ने अपनी झेंप-सी मिटाते

कहा–'सुकुलनखेरे मँ कोहू के हियाँ जनौ है; वही मँ गेहैं। कतौं साम लगे अइहैं।'

'अच्छा'–मदन ने किञ्चित् अधीरता से कहा। भगतिन पुनः निष्प्रभ हुईं।

कुछ देर में बोलीं–'नन्दन औ राजेसुरी क बिहाओ तो रुकि सकत है।'

'कैसे?'–मदन ने उत्सुकता से पूछा।

भगतिन ने देखा, बाजी धीरे-धीरे उन्हीं के हाथ आने वाली है। गम्भीर बनकर बोलीं–'यो तो तुम जन्तेहे हौ कि सिउपरसाद होरि ई गाँव के रहैया न आहीं। सुकुलनखेरे मँ जहाँ हमार मायकु है, नन्दन के बाबा कै जिमींदारी रहै। वोई उठि कै हियाँ आए रहैं। सिउपरसाद कै बहिन गाँव के याक बिसाती ते फँसि गै रहै। कानपुर मँ वहिका बिहाओ भा। उइ साइति वहि के तीनि महीना क गरभु रहै। हुआँ वहिका का भा तौन तो नहीं जानित, मुला सुनिबे मँ आवा कि बिहाए के सालुई भरि बादि वह मरिगै।'

मदन ने पूछा–'यहु भेदु बहुत मनई तो नहीं जनतीं?'

भगतिन ने पूर्ण विश्वास से कहा–'नाहीं, नन्दन के घर वाले औ हम, और तेवारी जानति हैं। कितौ अब तुम जान्ति हौ, औरु दूसर को जान्त है?'

मदन ने एक आश्वासन की साँस ली। कुछ तो उसके हाथ आया जिससे वह नन्दन आदि को नीचा दिखा सकेगा। पर राजेसुरी कैसे मिले? नन्दन का सम्बन्ध उसके साथ सदा को टूट जाना चाहिए। फिर वह मदन को अपने पास से कब तक दूर रख सकेगी? उसे याद आया, तेवारी के किसी सम्बन्धी की लड़की इसी गाँव में है। वह है और उसकी विधवा माँ। कूट-पीस कर पेट पालती हैं। उसके विवाह का भार तेवारी के सर पर है। लड़की को उसने देखा है; 14-15 साल की होगी। रंग बहुत साँवला है; मुँह की बनावट भी सुन्दर नहीं। हँसती है तो सामने के बड़े पीले दाँत दिखाई देने लगते हैं। यदि इसके साथ नन्दन का विवाह हो जाय? मदन मन में हँसने लगा। नन्दन नाहीं करेगा, शिवप्रसाद कहेंगे दहेज नहीं मिलता, किन्तु मदन के जाल से अब वे निकल नहीं सकते।

भगतिन ने पूछा–'का मनै-मन मुस्काय रहे हौ?'

'नन्दन क तुम्हरी सुखरनिया के साथ बिहाओ होय क चही!'

'नन्दन करिबौ करी? एकु तो वह कारि है; दुसरे कुल माँ बहुतु हेठि है। बीस बिसुआ वाले सिउपरिसाद इ चार बिसुआ वालेन के बिटिया लैहैं?'

मदन प्रसन्न हो मूँछों पर ताव देने लगा—'अब द्याखौ कौनि तमासा होति हैं।'

संध्या तक वह वहीं ठहरा। भगतिन से उसने सुलह कर ली। अपने पूर्व प्रेम को कायम रखने की उसने सौगन्ध खाई। नन्दन और राजेसुरी को तो वह केवल नीचा दिखाना चाहता था। सूरज डूबते-डूबते वह वहाँ से चल दिया।

गाँव से अभी थोड़ी ही दूर आया होगा कि मदन को पं. दीनानाथ तेवारी आते दिखाई पड़े। संध्या की लालिमा इस समय पश्चिम में न थी; चारों ओर धूमिल आलोक छाया था, जो शीघ्र ही अन्धकार में तिरोहित हो जायेगा। दोनों आदमी एक दूसरे को देख ठिठुक गये। तेवारी जी दाहिनी काँख में एक पोटली दाबे थे, पैर धूल से ऐसे ढके हुए थे कि जूतों का पहचानना कठिन था। कपड़े कुछ-कुछ मैले थे। सिर पर एक गाढ़े की टोपी थी, जो न गाँधी फैशन की कही जा सकती थी न जवाहर फैशन की, लखनऊ के दुपल्ली फैशन से ही अधिक मिलती थी। दिन भर काम करने से तेवारी जी थके तो अवश्य जान पड़ते थे, किन्तु मुँह पर एक ऐसे उल्लासपूर्ण सन्तोष की आभा थी, जिससे प्रतीत होता था, आज प्राप्ति विशेष हुई है।

मदन ने कहा—'तेवारी जी, पाँय लागी।'

तेवारी जी ने सहूलियत के साथ मुँह से तमाखू की पीक थूक कर कहा—'आसिर्बादु भैया, कहाँ भूलि पर्‍यौ?' जबान लगने से उनके नीचे के दो दाँत हिलते दिखाई दिए। मुँह में यत्र-तत्र झुर्रियाँ पड़ गई थीं। अधपकी मूँछे सामने कतरी जाने के कारण केंकड़े के समान ओंठ के इधर-उधर आती थीं।

'आपै के पास आये रही'—मदन ने उत्तर दिया।

सत्यनारायण की कथा कहे तो अभी एक सप्ताह भी न हुआ होगा; फिर क्यों मदन उन्हें बुलाने आया है। कुछ भी हो; पण्डितों से ऐसा काम

ही कौन होगा, जिसमें उन्हें कुछ प्राप्त न हो? तेवारी जी उत्सुकता से बोले—'कहौ भैया, कौनु कामु है?'

मदन दो पल तक नीचे देखता रहा, फिर बोला—'सुखरानी की खातिर बरु तलास कीन है। तुम्हरी मौसि ही कै बिटिया आय न वा?'

'हाँ, कहाँ तलास कीन हऊ?'

'अपने गाँव माँ, नन्दन सुकुल के साथ बिहाओ होई।'

तेवारी जी की उत्सुकता अविश्वास की हँसी बन ओठों पर से उड़ गई, बोले—'तुमहूँ भैया दिल्लगी करति हौ। बीस बिसुआ वाले वी बाला के सुकुल, हम चारि बिसुआ वालेन के हियाँ बिटिया माँगै अइहैं? हजारन रुपिया के दहेजु के साथ नन्दन का एकु-ते-एकु कुलीन लड़किनी मिलि सकती हैं।'

'जो हम कहित है वहु ह्वै कै रही। कुलीन-अकुलीन ते तुमका कौनो मतलब नाहीं।'

मदन की दृढ़ता देख उन्हें आश्चर्य हुआ। मदन को इस विवाह सम्बन्ध से क्या करना है ? यदि शिवप्रसाद ने भेजा है तो क्या नन्दन का कहीं विवाह नहीं होता? नन्दन हो तो चुका है काफी बड़ा। क्या उसके घर के भेद की बात बिरादरी में प्रकट हो गई है? हाँ-हाँ, ऐसा ही होगा। शिवप्रसाद ने ही मदन को भेजा है। अब जब कहीं ब्याह नहीं होता तो तेवारी का उद्धार करना सोचा है।

मदन ने पूछा—'का स्वाचै लाग्यौ? हामी भरौ ना।'

तेवारी जी के मुँह से निकला—'सिउपरसाद के हियाँ तो बिहाओ न करिबे चाहै कोऊ कहै।'

एक पल के लिए मदन को आश्चर्य हुआ, दूसरे ही क्षण वह सब कुछ समझ गया।

'काहे न करिहौ?'—उसने पूछा।

'ई जाति बिरादरी की बातैं आहीं। तुम उनका नहीं जन्तू। सिउपरसाद के हियाँ हमार सम्बन्ध नहीं ह्वै सकत।'

'हम सब जानित है। तुम्हार भला हमारि बातै मानै माँ है।'

तेवारी जी का हृदय अकस्मात् झिझक उठा। वह सब जानता है, इसका क्या अर्थ? क्या उसे भी शिवप्रसाद का भेद मालूम है? मालूम हुआ तो कहाँ से? अभी वह गाँव की ओर से ही आ रहा है। साहस सञ्चय कर उन्होंने

पूछा–'काहे?'

'हम दुपहरी क तुम्हरे घरै आये रही। अब साम क जाइत है। राति भरि सोचि-बिचारि लियो। काल्हि सबेरे फिर अइबे। औरु जौ पूछे क होय भगतिन ते पूछि लीन्ह्यो।'

मदन उत्तर की प्रतीक्षा न कर चल दिया। तेवारी जी को रास्ते में जैसे किसी ने जकड़ लिया हो। हिम्मत न पड़ी कि मदन को रोक कर कुछ कहें। हृदय बैठ-सा गया।

थोड़ी दूर पर एक सियार बोला। उसके पीछे औरों ने भी 'हुक्का हुआ' की ध्वनि लगाई। पंडित दीनानाथ तेवारी ने बगल की पोटली सँभाल किसी प्रकार घर की ओर कदम उठाया।

छठा परिच्छेद

पंडित शिवप्रसाद के घर के सामने एक छोटा-सा मैदान था। वहीं एक पुराने नीम के पेड़ के नीचे सन्ध्या समय पण्डित जी और अन्य गाँव के लोग बैठ कर इधर-उधर की बातें करते थे। दिया-बत्ती लगे इस समय देर हो चुकी थी। मैकू काछी पण्डित जी के जानवरों की सानी-पानी कर घर चला गया। नवमी की चाँदनी भली प्रकार छिटक चुकी थी। नीम के नीचे एक चारपाई पर पण्डित शिवप्रसाद बैठे थे। सामने दो तख्त पड़े थे, एक पर जुड़ावन था, दूसरे पर नन्दन। पण्डित शिवप्रसाद जुड़ावन से उसकी खेती-बारी के विषय में बातचीत कर रहे थे।

जुड़ावन ने कहा—'एकु तो मालिक अबकी फसल कुछ पाला ते मारि गैहै, तेहि पर ई चैतवरि मँ गाँव के लम्बरदार अपनि हरहा-गोरू बाँधि कै नहीं रखतीं। कुछु कहौ तो ठकुरई बघारै लागति हैं। आजु जो खरिहान ते दौरि कै मदन की गाई खेदि न देइत तो पञ्चमा के ख्यात माँ घुसि कै तहस-नहस कै दीन तेइन।'

पण्डित शिवप्रसाद ने धीरे से कहा—'पहनाय आवै क रहै सबका काँजीहौद माँ, फिरि ठकुरौ सूधि ह्वै जातीं। मुला तुम पञ्चै तो पहिलेहे ते स हदस्याय जाति हऊ…!

'हदस्याय कै बात नहिन मालिक'—जुड़ावन बीच ही में बोला—'एकु तौ गऊ रहै। काँजीहौद क मुन्सी है सार कसाई, उनका भूखन मारि डारत। दुसरे कुछु खेतु तो चरा न तेइन। याक दाँय समुझाय द्याब, जो न मनिहैं तो दीख जाई।'

इसी समय मदन आकर पं. शिवप्रसाद के सामने खड़ा हुआ। जुड़ावन ने उससे 'जै रामजी की' न की; सरक कर तख्त के दूसरे कोने पर बैठ

गया। मदन ने भी पं॰ शिवप्रसाद को प्रणाम न किया। उनके 'बैठो' कहने पर छाती, सिर ऊँचा किये सामने तख्त पर बैठ गया। पण्डित शिवप्रसाद ने सोचा, कल की हार अभी इसके दिल में चोट कर रही है। बोले—'मदन भाई, यहु तो लागै रहत है, कबौं हार कबौं जीत। यहि का कौनु अफसोस?' आँखों में हँसी भर उन्होंने नन्दन की ओर देखा किन्तु उसका ध्यान कहीं अन्यत्र था।

मदन ने कहा—'अबकी हमारि जीत होई।'

'हाँ, का भ, नन्दन कौनो जीत का पट्टा ध्वारै लिखाय लीन हैसि।'

'नन्दन क्यार बिहाओ करिहौ? याक जगा तै कै आयन है।'

'नन्दन की खातिर तो आजुइ एक देखुआ आवा रहै, मुला तुम''' ।'

'रामनगर के दीनानाथ तेवारी के हियाँ याक बिटेवा है। वही के साथ नन्दन क बिहाओ होई। सुना है, त्यूँ साँवरि है मुला कौन्यू बात नाहीं। नन्दन मजे में रही वहि के साथ।'

पं॰ शिवप्रसाद और नन्दन दोनों ही पण्डित दीनानाथ को जानते थे; सुखरानी को भी उन्होंने कई बार देखा था। शिवप्रसाद अभी सोच रहे थे, मदन के कहने का क्या अर्थ है, परन्तु नन्दन सक्रोध बोला—'मदन, अखाड़े कै झेंप इत्तना मिटाये न मिटी। जाओ, अबै कुछु दिन भैंसी क दूधु पियो जाय, फिरि हियाँ आयो नाउन की नाईं बिहाए का सँदेसु लै कै।'

मदन ने अपनी पूर्व गम्भीरता कायम रखते हुए, मानो अपनी ब्रह्मशक्ति छोड़ने के लिए उस ओर से केवल एक वार की प्रतीक्षा कर रहा था, कहा—'जिनकी महतारी-बहिनी मुसलमानन के तरे बैठि जाँय, वी बढ़ि-बढ़ि कै बातैं न करिहैं तो को करी?'

शिवप्रसाद मदन की ओर मुँह खोले देखते रह गए। शरीर का सारा रुधिर मानो पानी हो गया।

नन्दन खड़ा होकर बोला—'मदन, हम कहित है, अपनि भलाई चहति होअ तो हियाँ ते चुप्पे चले जाओ। नहीं तो छिनु भरे माँ हम तुम्हारि अकिल दुरुस्त कै द्याब।'

पं॰ शिवप्रसाद पुत्र को बोलने से मना करना चाहते थे, पर भय के कारण केवल हाथ और सर हिला सके। मदन ने हँस कर कहा—'नन्दन, तुम्हारि पिता जी तुम ते चुप्पे बैठै क कहि रहे हैं।' फिर शिवप्रसाद की ओर

मुँह कर बोला—'ई तुम्हारि सुपुत्र राजेसुरी के पाछे देवाने बने घूमति हैं। इनका सुराह पर लगावै कै बात तुमते कहित है। तुम्हरी बहिनी क हालु हमार रत्ती-रत्ती जाना है। दीनानाथ ते हम सब तै कै आयन है। तुम्हरे साइति बिचारै भरे क देर है। जान्ति हौ नहीं तो फि का होई। तुम्हरे हियाँ डोमु ल्यात पानी न पी। मुँह कार कै-कै गदहा पर चढ़ाय कै गाँव ते निकारि दीन जैहौ।'

नन्दन अब की आवेश में मदन की ओर बढ़ा ही था कि शिवप्रसाद ने दौड़ कर उसके पैर पकड़ लिये। 'बेटा, ई बुढ़ौती कै लाज तोरेहे हाथ है।'

नन्दन ने किसी प्रकार पिता से अपने पैर छुड़ाये। असहनीय क्रोध से उसकी आँखों में आँसू छलछला गए। घृणा, लज्जा, क्रोध, अपमान से सर फटने-सा लगा। चौपाल में पड़ी चारपाई पर जाकर लेट गया।

शिवप्रसाद ने मदन की ओर बढ़कर उसके पैर पकड़कर कहा—'मदन बेटा, हमरे लेखे तुम नन्दन ते बढ़ि कै हौ। अब ई बूढ़े बाम्हन कै लाज राखौ।'

मदन ने उन्हें अपने पैर पकड़े रहने दिया। एक अपूर्व सुख का अनुभव-सा करते हुए बोला—'अब जानि परा ठाकुर ते बैरु बाँधे क का फलु होत है। अबै काल्हि नन्दन पैदा नहीं भा, आजु दुनिया ते बैरु बाँधै क तयार है।'

शिवप्रसाद कुछ कहने जा रहे थे, पर मदन बाधा देकर बोला—'नहीं, बिहाओ तो करई क होई औरु दीनैनाथ के हियाँ। हम काल्हि साँझ लगे तुम्हार जवाबु लेय अइबै।'

वह उठकर खड़ा हो गया। शिवप्रसाद भूमि पर बैठे हाथ जोड़े, अश्रुसिक्त आँखों से उसकी ओर देखते मौन प्रार्थना करते रहे। माल पाकर चोर जिस प्रकार कुछ चिंतित कुछ प्रसन्न-सा हो जाता है, मदन चला गया।

शिवप्रसाद की दृष्टि अब जुड़ावन पर पड़ी। कहा—'भैया जऊँ भा तऊँ भा, तुमहूँ ते हमारि प्रार्थना है...।'

जुड़ावन ने कहा—'मालिक तुम चित्त माँ चिन्ता न करौ। या बात हमरे काने ते दुसरे काने न जाय पाई।'

शिवप्रसाद अर्द्धविक्षिप्त से तख्त पर लेट गए। थोड़ी देर में जुड़ावन चला गया।

किवाड़ों को थोड़ा खोल नन्दन को पुत्र से बढ़कर मानने वाली उसकी दूसरी निःसन्तान माँ ने पुकारा—'बच्चा।' नन्दन उठा। अंधकार में उसकी माँ ने न देखा, उसकी आँखें कितनी लाल हो रही हैं। बाहर तख्त पर पड़े शिवप्रसाद को उसने पुकारा—'दादा'। कुछ उत्तर न दे वह उठे और दीर्घ निःश्वास छोड़ घर की ओर चले।

भीतर दीपक जल रहा था। आँगन में पड़ी चारपाई पर शिवप्रसाद प्राणशून्य से जा गिरे। नन्दन सिरहाने नहा पर बैठ गया, उसकी माँ पैताने जमीन पर। पहले नन्दन की माँ बोली—'आखिर अब इत्तना हदस्याये का होई? जौं हो क रहै तौं तौ है ही गा, जौं हो क होई तौनो है लेई। अब का अपन जिउ निकारि डरिहौ!

शिवप्रसाद ने अर्द्ध-रुद्ध कण्ठ से कहा—'अबै तक मूँदी रहै मुला अब उघरि जाई। आजु लगे नन्दन के देखुआ आवति रहैं, हम पाँच हजार ते उतरित न रहै। काल्हि जब यहै चरचा गाँव भरे मँ फैलि जाई तो कोऊ पाँयलागी ल्यात न करी।'

नन्दन की माँ ? सोचने लगीं। पिता को शान्त करने के उद्देश्य से नन्दन अपने क्रोध को दबा कर बोला—'तुम अन्नहक क दिक्क होति हऊ। बहती गङ्गा मँ सबुइ नहाय-नहाय तरत है, वही मँ मुर्दो फेंके जाति हैं। ई मदन कहाँ के देउता हैं, जौं तुमका कलङ्क लगावै आए हैं। हमका छाड़ि कै तुम्हरे कोऊ आगे न पाछे। हमरी खातिर तुम वृथा चिन्ता कर्ति हऊ।'

शिवप्रसाद ने कहा—'अब तो लोक-परलोक सबै नष्ट भा। आजु लगे हम पण्डित जी रही, सुकुल जी रही, काल्हि अब सुबुइ हम तन अँगुरी उठाई। तब हम कौनी धरती मँ गड़ि जाब। भगवान कौने नरक मँ डरिहैं हमका?' हृदय से निकलती सिसकियों को रोकने के लिए वह दाँत पीसने लगे।

नन्दन ने कहा—'मदन के बात फैलाये ते न लोक बेगरी न परलोक। जौं सत्य है तौं भगवानो जान्ति हैं।'

'अबै त्वार नवा खून है बेटा। चारि मनइन के बीच मँ कित्तना रहा जात है, कित्तना चला जात है, त्वै नहीं जन्ती। शास्त्रन की लिखी बातैं को टारि सकत है? अब खैर यही म है कि दीनानाथ की बिटिया का बेहि लाई।'

नन्दन की माँ ने बाधा देकर कहा—'दीनानाथ की बिटिया क हम दी

है। भला वा नन्दन के लायक है? अब इत्तना डेराये काम चलै क है?' शिवप्रसाद ने किटकिटा कर कहा—'तो त्वै रहु अपने बाप नन्दन क लैकै। हम लोटिया-डोरि लैकै कतौं चले जाब। काल्हि सबेरे सुर्जपुर के मनई सिउपरसाद का मुँह न देखिहैं।'

पत्नी कुछ कहने जा रही थी, पर नन्दन ने उन्हें शान्त किया।

उस रात को किसी ने भोजन न किया। पं. शिवप्रसाद और उनकी पत्नी में बड़ी देर तक बातें होती रहीं। पत्नी कहती—'एक अकेला लड़का नन्दन है, उसे दुखी कर लोक-परलोक बनाया भी तो क्या?' पं. शिवप्रसाद कहते—'उसे बाहर तो निकलना पड़ता नहीं। सबके सामने सर नीचा होना क्या होता है, वह नहीं जानता।' पत्नी के फिर भी स्वीकृति न देने पर शिवप्रसाद क्रोध से मुट्ठी बाँधने लगते, वह चुप हो जाती।

नन्दन को भी उस रात बहुत देर तक नींद न आयी। रह-रह कर पिता की दुर्बलता पर उसे क्रोध आता। उन्होंने उसके पैर क्यों पकड़ लिये? चले जाने देते उसे, फिर मदन की ढिठाई का वह उसे मजा चखाता। खैर, मदन कहीं तो अकेला मिलेगा, अपनी बाग में या सबेरे ताल के किनारे। जहाँ वह दिसा-जङ्गल के लिए जाता है, वहाँ उसे कौन बचायेगा? ओफ़! क्या-क्या वह कह गया और नन्दन को सब सुनना पड़ा। मदन को यह सब मालूम कहाँ से हुआ?

दोपहर को वह रामनगर जा रहा था। दीनानाथ तेवारी के यहाँ गया होगा। भगतिन सुकुलनखेरे की है। क्या उसे सब हाल मालूम है? उन बातों को बीते तो कितने वर्ष हो गये। नन्दन तब पैदा भी न हुआ था।

पिता को विवाह छोड़ कलङ्क से बचने का अन्य मार्ग दिखाई नहीं देता। सामने छाती तानकर खड़े हों, इतनी उनमें हिम्मत नहीं। नन्दन को तो कलङ्क की परवाह नहीं। उसने पाप किया है? फिर भी जो गाली दें, दिया करें, वह तो अकड़कर ही चलेगा। माँ की सम्मति नहीं है। पिता शक्ति भर विवाह के लिए उस पर जोर डालेंगे। वह अच्छी लड़की नहीं है, पर पिता के उद्धार के लिए और करेगा क्या वह? विवाह होने से क्या होगा? राजेसुरी से मिलना-जुलना छूट जायेगा। उससे बातें करना भी पाप गिना जायगा। अभी ही लोग उसके और राजेसुरी के बारे में कैसी बातें करते हैं। कहते हैं, राजेसुरी सारे गाँव का नाम बदनाम कर रही है। इतनी सयानी हो गई,

पर उसके बाप ने अभी तक उसका विवाह नहीं किया। परन्तु नन्दन ने उससे अच्छी लड़की देखी नहीं। कितनी सीधी, कितनी सरल। नन्दन का उससे मिलना-जुलना न जाने क्यों गाँव वालों को पसन्द नहीं। आज पं॰ शिवशेखर द्विवेदी ही उसके खेत कटाने की बात कहकर मुस्कराए थे। नन्दन तो छोटा था, तभी से जिनई के यहाँ काम करता आया है। जाड़े में प्रातःकाल हरे-हरे खेतों के ऊपर सूर्य की सुखद रुपहली प्रकाश-राशि में जब कुहरे के बादल ऊपर उठ किरणों में विलीन से हो जाते, वह पैढ़ी पर बैल हाँकता, राजेसुरी पुर धरती और जिनई खेत में पानी लगाते। चैत-बैसाख में कितनी बार उसने राजेसुरी के साथ मड़नी माड़ी है, राशि ओसाई है। गर्मियों में अच्छे-अच्छे आम के पेड़ों पर चढ़ उसने कितनी बार राजेसुरी के लिए आम हिलाये हैं। वर्षा में कितनी बार अपनी बाग में जाँघों तक बड़ी घास उसने राजेसुरी के साथ काटी है···।

राजेसुरी का ध्यान करते-करते वह सो गया।

उसी रात शिवप्रसाद के यहाँ से लौट, जुड़ावन ने रोटी खाते समय अनेक सौगन्धें रखवा अपनी स्त्री को संध्या की बातें बताईं। शिवप्रसाद को अवश्य वह नीची निगाह से देखने लगा था। भेद की बात खुल जाने से इतना नहीं, जितना उनके गिड़गिड़ाने और मदन के पैर पकड़ लेने से। नन्दन की वह प्रशंसा किये बिना न रह सका।

सोने से पहले एक बार फिर किसी से कुछ न कहने का उसने स्त्री से अनुरोध किया। पत्नी ने यथाशक्ति पति को संतोष दिया। पहले 'न कहिबे' कहकर, फिर रूठ कर, परन्तु रात मुश्किल से काटी। भावी वक्तृत्वकला-प्रदर्शन के स्वप्न देख वह करवटें बदलती रही। यह नहीं कि वह सत्य ही सबेरे सबके सामने कहने की बात सोच रही हो। सोचती यह थी कि यदि कह दे तो पड़ोसिनें किस उत्सुकता से उसकी बातें सुनेंगी।

किन्तु सूर्योदय होते ही उसकी प्रतिज्ञा पाले के समान घुल गई। प्रातःकालीन पुरवाई के साथ पं॰ शिवप्रसाद के कलङ्क की चर्चा भी सारे सुर्जपुर में फैल गई।

सातवाँ परिच्छेद

नन्दन ने आँख खुलने पर देखा, बहुत दिन चढ़ आया है। उठकर वह बिस्तर पर बैठ गया और दोनों हाथों से आँखें ढाँप लीं। धीरे-धीरे कल की संध्या का सारा दृश्य अन्धकार में स्पष्ट हो उठा। उजेले में उसने आँखें खोलीं; घर में कोई न था। अलगनी से सलूका उतार कर उसने पहना। आँगन पार कर घर के भीतरी दरवाजे के पास रक्खे जूते पहने, फिर दिसा के लिए बाहर चला। बाहरी दरवाजे के किवाड़ों के पीछे उसने अपनी माँ को खड़ी पाया। बाहर निकलकर देखा, पं॰ दीनानाथ और उसके पिता एक चारपाई पर बैठे बातें कर रहे हैं। नन्दन को देख दोनों चुप हो गये। नन्दन कुछ न कह चला गया।

ताल में कुल्ला-दतून कर जब नन्दन गाँव लौटा, तब दोपहर हो रही थी। उसे कई लोग खलिहानों से मध्याह्न-भोजन करने के लिए आते मिले। सबका उचित अभिवादन करता वह अपने घर न जा राजेसुरी के घर की ओर चला। आज उसे अकेले ही खेत काटना पड़ा होगा; अथवा वृद्ध जिनई ने मदद दी होगी। नन्दन को अपने देर तक सोते रहने पर क्षोभ हुआ।

राजेसुरी के घर के किवाड़े खुले थे। दहलीज में खाट पर लेटे पं॰ रामजियावन पास ही बँधी गाय के मुँह पर हाथ फेर रहे थे। कभी ऊँघ जाने से हाथ नीचे गिर पड़ता, वैसे ही सजग होने पर उसे फिर सहलाने लगते। कभी एकाध दुलार की बात भी कहते। राजेसुरी भीतर रोटी बना रही थी। नन्दन ने प्रवेश कर प्रणाम किया। वृद्ध ने आशीर्वाद दे उसे अपनी खाट पर बिठाया।

नन्दन ने अपराधी की भाँति क्षमा-याचना करते हुए कहा—'आज बड़ी देर लगे स्वावत रहेन, यही मारे ख्यातै न आ पायेन।'

जिनई ने कहा–'चलौ, कौन्यू बात नहीं। राति क का देर तक जागत रहे रहौ? अबहीं जानो झाड़े-जङ्गल ते आवति हौ?'

नन्दन ने कहा–'हाँ, बड़ी देर मँ आँखि लागि रहै। साँझ का मदन आवा रहै···।'

क्रम से नन्दन वृद्ध को कल की सारी बातें सुना गया, कुछ भी न छिपाया।

पास ही रसोई में राजेसुरी रोटी बना रही थी। एक ऊँची पतली दीवाल उसे इन लोगों की दृष्टि से ओझल किए थी, किन्तु वह बातें सब सुन रही थी। अधचुरी दाल चूल्हे से थोड़ी आगी निकाल उसने बाहर अंगारों पर रख दी थी। गेहूँ और जौ के मिले आटे की रोटियाँ काठ के पुराने चकले पर बेल तवे पर डालती, फिर घई में सेंकती। जैसे-जैसे नन्दन की बातों का क्रम बढ़ता गया, वह चूल्हे की बराबर देख-भाल न कर सकी। कई बार उसे चूल्हा फूँकना पड़ा। नन्दन ने पं. दीनानाथ के आने की बात कही। अब एक रोटी सेंकने को और रह गई थी।

जिनई ने कहा–'बिटिया, धुआँ बड़ा ह्वै रहा है। का चूल्हु नहीं बरत? न होय तो पई रहै दियो रोटी। ई बेरिया क खाय भरे क ह्वै जैहैं।'

राजेसुरी ने कुछ उत्तर न दे बाएँ हाथ से माथे पर आये हुए बालों को एक ओर समेटा और फिर वहाँ के पसीने को आँचल के छोर से पोंछा। कलाइयाँ भी पसीने से तर थीं, इधर-उधर आटा चिपक रहा था। नन्दन की कथा सामप्त होते-होते उसने अन्तिम रोटी भी सेंक ली। तवा उतार कर एक ओर रख दिया; चूल्हे से लकड़ियाँ निकाल बुझा दीं। घुटनों पर सिर रख फिर वह सोचने लगी–नन्दन का ब्याह सुखरानी के साथ···।

नन्दन कुछ देर बाद चला गया। राजेसुरी ने एक थाली में पिता के लिए रोटी-दाल परोसी, एक में अपने लिए। दोनों ने साथ बैठकर भोजन किया।

खा-पीकर वृद्ध पुनः उसी खाट पर आकर लेट गये। और दिनों खाना खाते समय उनकी बातों का अन्त न होता, किन्तु आज उन्होंने एक शब्द भी न कहा था। राजेसुरी भी पास ही जमीन पर बैठी चुप थी। इस चुप्पा-चुप्पी के असह्य हो उठने से मानो वृद्ध ने सूरदास का एक पद गुनगुनाना आरम्भ किया; वैसे ही वह गाय की गर्दन, और मुँह पर हाथ भी फेरने लगे। दो ही

कड़ी गाकर वृद्ध चुप हो गए। 'जौं भगवान कै इच्छा'—हठात् उनके मुँह से निकला और उन्होंने जँभाई ले आँखें मूँद लीं।

राजेसुरी नित की भाँति सोने के लिए भीतर कोठरी में जाकर चारपाई पर लेट गई, किन्तु देर तक आँखें बन्द किए रहने पर भी उसे नींद न आई। रह-रहकर नन्दन के विवाह की बात उसके हृदय को मथने लगी। नन्दन अभी तक उसका कौन था? खेती-पाती में उसका हाथ बटाने वाला उसका साथी। अब वह यह भी न रहेगा। ग्रीष्म की लम्बी दुपहरियाँ, जब उसे अकेले खेत काटना होगा, अकेले खलिहान में मड़नी माड़ना होगा, ओसाना होगा और कभी संध्या के रङ्ग-बिरङ्गे प्रकाश में किसी की गाड़ी में अनाज ढोकर घर लाना होगा—भावी के वे सब आग से जले हुए से दिन राजेसुरी को असह्य हो उठे। नन्दन क्या ब्याह होते ही उसका बैरी हो जायेगा? बैरी तो न हो जायेगा, पर उस समय राजेसुरी से मिलने से उसे पाप लगेगा। नन्दन का विवाह सुखरानी से होगा। ओह! कैसी कुरूपा है! पाँच-छः दिन हुए राजेसुरी के दरवाजे एक काली दुबली बेड़िन अपनी सर्प के समान टेढ़ी भाषा में भीख माँगने आयी थी। कैसी काली, दाँत कैसे गन्दे, बाहर को निकलते हुए! नीला फटा लहँगा, नीली फटी ओढ़नी, सिर में थोड़े से बाल कि महीनों से धोये नहीं गए, पैरों की सूखी फैली हुई अँगुलियाँ! छिः-छिः! गाँव की औरतें उसे देख अपने बच्चों को घर के भीतर छिपा रखती हैं। सुखरानी ने राजेसुरी की दृष्टि में उसी बेड़िन का रूप धारण किया। आह, इसके साथ नन्दन का विवाह होगा? नन्दन कुछ न कर सकेगा, वह भी कुछ न कर सकेगी। राजेसुरी को ऐसा लगा मानो नन्दन बीच गङ्गा में डूब रहा हो, वह किनारे खड़ी देख रही हो, किन्तु पानी में कूद उसे बचाने की चेष्टा न कर सकती हो...!

अभी तो इस संसार में एक साथी उसके दादा हैं, किन्तु एक दिन जहाँ अम्मा गई हैं, वह भी चले जाएँगे। अम्मा की उसे कोई सुधि नहीं, शायद नन्दन की माँ की तरह हों, वह भी बेचारी कितनी सरल, कितनी सीधी हैं। राजेसुरी से जब कहीं मिलती हैं, मीठी मीठी प्यार की दो बातें अवश्य करती हैं। दादा के बाद वह अकेली रह जायेगी। दहलीज में दादा की चारपाई सूनी होगी; संसार में अपनी कोठरी में राजेसुरी अकेली होगी। कुएँ पर स्त्रियाँ पानी भरने जाएँगी, अपने दुख-सुख की बातें करेंगी। संध्या

समय टोलियों में वे दिसा के लिए जाएँगी, दुनिया भर की पंचायत करेंगी। अपने घर में अकेली बैठी उदास राजेसुरी से कौन बातें करेगा?

वह एक बार उठी। दहलीज के पास आ उसने आँखें भर अपने पिता को देखा। इस समय भी वह आँखें मूँदे पड़े थे, शायद अर्द्ध-निद्रित अवस्था में। गाय ने राजेसुरी को देख प्यार से अपना मुँह ऊपर उठाया। यह सब कुछ न होगा, उसने सोचा। शीघ्रता से लौट कर वह अपनी कोठरी में लेट गई। संसार के सूनेपन ने जोर से उसके हृदय को दबाया, वह सिसकने लगी।

नन्दन और उसके पिता भोजन कर बाहर चौपाल में अलग-अलग चारपाइयों पर लेट गए। थोड़ी देर तक धन्नियों को देखते रहने के बाद पं॰ शिवप्रसाद ने कहा—'तुम्हरे जाय के बादि मदन आवा रहै। दीनानाथ के साथ सब तै ह्वै गा है। काल्हि फल्दान चढ़ि हैं औरु अगिले पाख की छठी क बिहाओ है।'

नन्दन के हृदय को एक जोर का धक्का लगा। जिस बात को वह अभी दूर समझता था, वह सहसा सामने आ गई। उसे शीघ्र ही कोई फैसला करना होगा। उसका मस्तिष्क कुछ-कुछ उसके वश के बाहर हो तेजी से कार्य करने लगा।

पं॰ शिवप्रसाद कहते गए, यद्यपि नन्दन ने सुना नहीं—'मदन कहै लाग, यहि के पहिले नहीं बिहाओ बन्त? दीनानाथ कहै लाग, नाहीं। काल्हि जब फल्दान चढ़ै कै बात तै भै तब वहिका सबूरी भै। दीनानाथ के चले जाय के बादि सौगन्ध खाय कै कहै लाग कि तुम्हार भेदु हम कोहू ते नहीं कहा और जो बिहाओ ह्वै जाई तो कोहू ते न कहब।'

इसके बाद उन्होंने कल के लिए पास के ही एक गाँव में लगने वाले बाजार से सौदा लाने के लिए कहा। नन्दन के कुछ उत्तर न देने पर उन्होंने कुछ ऊँचे स्वर में अपनी बात दोहराई—'कहित है, आजु बजार ते कथा की खातिर सामान लै आव।' हृदय में उनके धुकधुकाहट मची थी। नन्दन अभी तक चुप था, इसलिए आशा हो रही थी, वह उनकी बातें मान जायेगा। नन्दन ने कहा—'मुला हम तो बिहाओ करिबे ना!' 'करिहौ काहे

ना?'—शिवप्रसाद ने पहले गर्मी से काम लेने की चेष्टा करते हुए कहा—'बुढ़ापा मँ टूवाला पड़्वास, गाँव, आने गाँव के मनई हमरे मुँह पर थुकिहैं, तऊँ तुम का नीक लागी?'

'जौं तुम पहिले रहौ' तौं अबहूँ हौ। दुनिया तो सबै क बुरा कहति है। दुनिया क राजी करै के बरे कोऊ अपन मूड्ड ध्वारै काटि डारी। औ बिहाओ तो हम करब न। यहुतो का, जनम भरि न करब।'

शिवप्रसाद ने और गर्म हो कहा—'धाखब त्वै कैसे नहीं बिहाओ करती। जानित है जाहे मारे न करिहै। वी महा हीनि बाह्मन, जिनकी बिटिया अठारा-बीस बर्स की घोड़ा ऐसी भये बिना कबौं बेही नहीं गईं, वी पीबु मँ हाँथु बोरी?'

नन्दन ने दृढ़ता से कहा—'यो सब हम कुछौ नहीं जानित, मुला बिहाओ हम करब ना!'

'बिहाओ तोरे कीन्हें ते होई, जौं न करिहै? बड़ा करैया बना हई। बिलाइति मँ तो सुना है अँगरेज अपनी मेमैं ढूँढ़ि लेति हैं, मुला त्वै गवईं गाँव मँ ई सब बातैं कहाँ ते सीखि गए?'

नन्दन अस्वीकृतिसूचक शान्ति ग्रहण किए रहा। पं. शिवप्रसाद ने फिर एक बार उसे समझाने की चेष्टा करते हुए कहा—'अच्छा तो बिहाओ कीन्हे ते नुकसान कौनु है? राजेसुरी ई दुनिया के बाहर कतौं चली जाई कि त्वै चला जइहै? जैसे अबै रहत हई तैसे तबहूँ रहे। त्यूँ घर की आबरूहौ पर तौ ध्यान दे।'

नन्दन का हृदय घृणा से भर गया। जैसे अबै रहत हई : कैसे रहता है वह? किसी को क्या अधिकार है कि वह अपने मन से गढ़ ले कि राजेसुरी के प्रति उसका आचरण पापमय रहा है? ईश्वर के सम्मुख भी वह अपना हृदय खोलकर दिखा सकता है, उसकी भावनाएँ कितनी उज्ज्वल, कितनी निष्कलङ्क हैं। अपने पिता के वाक्य में उसे अपना भयानक अपमान बोध हुआ। करवट बदल, दूसरी ओर को मुँह कर वह चुपचाप लेट रहा।

आठवाँ परिच्छेद

सर का बोझ खलिहान में एक ओर डाल पं. रामजियावन ने अँगोछे को पीपल की एक जड़ पर रक्खा, फिर उसी पर सर रख लेट गए। राजेसुरी भी अपना बोझ फेंक माथे का पसीना पोंछते पास ही बैठ गई।

'एकु दिन औरु कामु करी तो आधा खेतु कटि जाय'—वृद्ध ने कहा।

राजेसुरी ने हामी भरी, फिर नन्दन की बात सोचने लगी। नन्दन दो दिन से खेत कटाने नहीं आ रहा। उसके दादा उसे अकेले काम करने नहीं देते। यदि नन्दन आता रहता तो दादा के काम न करने पर भी आधे से अधिक खेत कट जाता। कल तो वह कह रहा था, रात को देर तक जगने के कारण सुबह बहुत दिन चढ़े उठा, इसीलिए न आ सका। किन्तु आज? आज भी कोई ऐसा ही कारण हो गया होगा। शायद अपने विवाह की तैयारी में लगा हो?...राजेसुरी एक क्षण के लिए इस विचार से कातर हो उठी, किन्तु हृदय ने आश्वासन दिया—नन्दन को अपने विवाह से प्रसन्नता नहीं हो सकती। कल वह कैसा बेचैन दिखाई देता था? कैसे जोर-जोर से बातें कर रहा था। मालूम तो यही होता था कि उसके पिता चाहे जो कुछ भी कहें, वह रामनगर में विवाह न करेगा।

राजेसुरी के हृदय में एक मीठा स्पन्दन हुआ, अधरों पर एक हल्की मुस्कान फैल गई; उसके कान में बहुत धीरे किसी ने मानो शब्दहीन भाषा में कहा—'नन्दन तुझे प्यार करता है'। वह स्वयं पुलकित हो लजा उठी।

गाँव की ओर से किसी को आते देख—जो निश्चय ही नन्दन न था—राजेसुरी ने अपने पिता से कहा—'दादा आजु त्यूँ महासरोवर मँ नहाय क मनु रहै। तुम पहुड़ो, तहिले हम नहाय-धोय आई।'

पं. रामजियावन ने स्वीकृति दे दी, केवल महासरोवर में बहुत दूर तक

तैरने के लिए मना किया।

घर से साथ लाई धोती पीपल की जड़ पर से उठा, राजेसुरी खलिहान से निकली और दक्षिण की ओर चल दी। वृद्ध पुरुष पके अनाज के खेतों के बीच से झलमलाती धूप में मेंड़ पर जाती राजेसुरी को देखने लगे।

राजेसुरी को कभी अपने भविष्य का भी विचार होता है? होता क्यों न होगा? अब तो वह दूध-पीती बच्ची नहीं है। कल नन्दन की बातों से तो यही सिद्ध होता था कि उसका विवाह राजेसुरी से न होगा। माना कि नन्दन राजेसुरी को प्यार करता है, किन्तु पिता से और फिर सारे गाँव से लड़कर वह रहेगा कहाँ? उसके बाद यदि विवाह भी सम्भव हो तो क्या ऐसे घर में कन्या दी जा सकती है, जहाँ की स्त्री मुसलमानों के यहाँ चली गई हो? हाँ, दी क्यों नहीं जा सकती? शिवप्रसाद की बहन निकल अवश्य गई थी, किन्तु नन्दन तो गऊ की तरह सीधा है। अभी तक वह राजेसुरी के साथ रहा, वह बराबर उसकी गति-विधि पर ध्यान रखते रहे! फिर भी उसके व्यवहार में बहनापे के सिवा क्या और भाव कभी दिखाई दिया? आजकल के लड़कों को देखो, गाँव में रहते हुए भी कितने···। ओह, उन्हें क्या कहा जाय? पर नन्दन बिल्कुल निष्पाप जैसे दूध-पीता बच्चा।

तो भी उसका विवाह अब राजेसुरी के साथ नहीं हो सकता, नहीं तो मदन भेद की बात सारी बिरादरी में फैला देगा। जो बवण्डर उस समय उठेगा, उसका सामना शिवप्रसाद और नन्दन कैसे कर सकेंगे? राजेसुरी के लिए तो क्या किसी अन्य वर की खोज की जाय? पर दहेज? दहेज के लिए तो एक पैसा पास नहीं, उल्टा शिवप्रसाद का कर्ज लदा हुआ है। फिर क्या राजेसुरी दूसरी जगह विवाह होने से सुखी होगी? निस्सन्देह वह नन्दन को बहुत चाहती है। कल दोपहर से उसका मुँह कितना उदास है? राजेसुरी की माँ को जब उन्होंने स्वयं पहले देखा था, वहीं ननिहाल में, जब वह तालाब में नहाने जा रही थी और वह नहाकर लौट रहे थे, उन्हीं आम के पेड़ों के नीचे पल भर की देखा-देखी में वह रीझ गए थे! सत्रह वर्ष की वह गम्भीर युवती, सौन्दर्य जिसके अङ्ग-अङ्ग में आकूल जलमग्ना गङ्गा की स्निग्ध धारा के समान प्रायः अचपल मन्द गति से बह रहा था, उसे छोड़ क्या वह अन्य किसी को वरण करते?

आज इस वृद्धावस्था में भी, जब जीवन के चार दिन शेष थे, राजेसुरी

के पिता की धुँधली आँखों के सामने यौवन का वह रस से उफनाता हुआ मध्याह्न-काल सहसा जगमगा उठा। आँखों की कोरों में दो बूँद आँसू ढुलक आए।

'जिनई भाई'—पं. शिवशेखर द्विवेदी ने पुकारा।

पण्डित रामजियावन का ध्यान भङ्ग हुआ।

'आओ, बैठो, नमस्कार!

नमस्कार का उत्तर दे पास की जड़ पर पं. शिवशेखर बैठ गए।

'अबै घरै नहीं गयो? बिट्टी कतों गई हैं का?'—पं. शिवशेखर ने पूछा।

'नहाय गैहै त्यूँ'—जिनई ने कहा।

'काल्हि महराजपुर के गोपाल पण्डित आए रहैं... ।'

'अच्छा!'

'सिवपरसाद भाई के लगे। नन्दन के बरे आए रहैं। जनम-पत्री कै नकल हम कराय दीन रहै। मुला सिउपरसाद भाई दहेजु बहुतु माँगति रहैं।'

'केत्ता?'

'छ हजार ते तरे उतरतेहे न रहैं। बताओ भला आजु-काल्हि के जमाना मँ छ हजार एकट्ठा करब कौनों दिल्लगी आय? सिउपरसाद के तो याकौ बिटिया है नहिंन, नहीं तो जानि परत तिनूँ उनहुनौका। नन्दन एत्ता बड़ा ह्वैगा है, काल्हि क पराई बिटिया बहिनी क जो हाथु पकरि लेय तो सिउपरसाद का कै लेहैं वहि क्यार? अबै तो लालच मँ परे हैं।'—जिनई चुप रहे।

पण्डित शिवशेखर ने फिर कहा—'बिट्टी क बिहाओ लगायो कतों कि नाहीं?'

'बिट्टी क का होई, कुछु समुझि मँ नहीं आवत। एकु तो बुढ़ापा कै हमारि ग्याँह, अकेले रहि जाब तो भुखनै मरब।'

'यहि माँ का सन्देह है। तुम्हार अब कामु करै वाला पनु है?'

'दुसरे गरीब मनई, बिहाए की खातिर रुपैया कहाँ पाई। पहिली बिटिया की खातिर घरु ल्यात सिउपरसाद के गहने धरै क परा, अब कुछु गहनेहौ धरै क तो नहिंन। यही मारे लरिकै ढूँढ़ि कै का करब, चुपानि बैठि हन।'

थोड़ी देर बाद पं. शिवशेखर ने कहा—'ई सब तुम्हारि कठिनाई हम समुझित है। मुला राजेसुरी क कतौं पार घाट तो लगवई क परी। जनम भरि कुवाँरि तो बैठि न रही।'

वृद्ध चुप रहे।

'याक बात स्वाचा है हम जो करौ तो। राजेसुरी तुम ते अलगो न होय, तुम्हारि रुपैयो न खर्चु होंय।'

'यो ककस ह्वै सकत है?'

दो क्षण तक साहस सञ्चय कर अपनी लज्जा को मुस्कराहट में डुबाते हुए पं॰ शिवशेखर ने कहा—'हमका न कन्यादान कै दियो?'

पं॰ रामजियावन अब तक की बातों से शायद पं॰ शिवशेखर का कुछ-कुछ मतलब समझ गए थे। उनके मुँह पर आश्चर्य का कोई चिह्न न दिखाई दिया।

पं॰ शिवशेखर ने अपने प्रस्ताव का समर्थन करते हुए कहा—'बिटिया तुम्हारि सुख ते रही। हमार सुभाओ तुम जन्तै हौ। खाय-पिये कै कौनो तँगचई हईयै नहिँन। तुम्हरो काम बनि जाई औरु हमरिउ गिरस्ती सँभारै क एकु जनु ह्वै जाई।'

'अच्छा बिटिया ते पूँछि कै बतइबे।' पं॰ रामजियावन ने थोड़ी देर के बाद आज के लिए अपना अन्तिम उत्तर सुनाया।

आगे बातचीत की गुञ्जाइश न देख पं॰ शिवशेखर नमस्कार कर चल दिए। राजेसुरी के पाने की आशा भी बँधी। पर बिटिया से सलाह लेने की बात पर उन्हें हँसी बहुत आयी।

राजेसुरी ने महासरोवर के किनारे एक आम की डाल में साथ लाई धोती टाँग दी। मध्याह्न-सूर्य के प्रकाश में चमकते जल पर बड़े-बड़े वृक्षों की छाया ने थोड़ी दूर तक अपना ताना-बाना फैला रक्खा था। राजेसुरी एक सीढ़ी पर बैठ कुछ सोचने लगी। उसके दाहिने हाथ पर एक पीला कनैर का पेड़ फूल रहा था। बहुत-से फूल नीचे पड़े थे। किसी सघन आम्रवृक्ष में मधुमक्खियों की अनवरत भनभनाहट हो रही थी। मन्दिर के प्राङ्गण में इस बेला पूर्ण निस्तब्धता थी। माली-मालिन का भी पता न था। प्रतीत तो ऐसा होता था कि वहाँ राजेसुरी को छोड़ कोई दूसरा मनुष्य नहीं, किन्तु उसकी अजान में रमचन्दा सुनार और मदन एक मोटे आम के तने के पीछे छिपे उसकी सभी क्रियाओं को देख रहे थे। अपने खलिहान से आते समय उन्होंने राजेसुरी को महासरोवर की ओर आते देखा था और उसका पीछा किया था। राजेसुरी से थोड़ी दूर एक वृक्ष से कुछ सुग्गे सहसा उड़े, थोड़ी देर तक

हवा में इधर-उधर उड़ने के बाद फिर उसी वृक्ष की डालियों पर बैठ गये। पके महुओं की मादक सुगन्ध से लदे पुरवाई के एक झोंके ने राजेसुरी को हल्की थपेड़ लगाई। एक दीर्घ निःश्वास छोड़ वह उठ खड़ी हुई।

चारों ओर दृष्टि फेर, ऊपर बाँहें उठा उसने एक बार अँगड़ाई ली, फिर सलूका निकाल धोती के पास ही टाँग दिया। जाँघों तक धोती समेट उसने लँगोटा बाँधा और आँचल के दोनों कोनों को कमर में खोंस लिया। फिर पानी में कूद पड़ी।

कुछ देर तक वृक्षों की छाया में वह तैरती रही। स्थिर जल छोटी-छोटी लहरों में विभक्त हो, उसके इधर-उधर फैलने लगा। फिर धूप में आ कुल्ला करती पूर्वी से पश्चिमी घाट की ओर तैरती चली। उसके सर से आँचल खिसक कर पीठ पर आ गया। थोड़ी देर में जूड़ा भी खुल गया और वेणी फैल कर पानी में भीगने लगी। कभी वह दोनों हाथों से तैरती, कभी क्रम से एक-एक हाथ से; कभी पैरों को पटकती, कभी पानी के ऊपर एक अंग भी न हिलाती। दूसरे किनारे पहुँचकर बिना रुके ही वापस लौटी।

जल से निकलकर सीढ़ियों पर धोती का पानी चुवाती और भीगे चरण-चिह्न अङ्कित करती वह ऊपरी सीढ़ी पर आकर खड़ी हुई। वेणी को निचोड़ उसने जूड़ा बाँधा, फिर हाथ से शरीर का पानी पोंछकर धोती बदली। एक बार चारों ओर दृष्टि फेर उसने डाल से सलूका उतारा। पीठ पर की धोती ऊपर कर उसने सलूका पहना, फिर आगे बटन बन्द करने लगी। गीली धोती समेट कर वह फिर नीचे उतरी। किसी गाने की एक पंक्ति उसने गुनगुनाई; फिर देर हुई जान धोती को जल्दी-जल्दी तीन-चार बार पानी में हिलकोरा और निचोड़ कर बाएँ हाथ में लटका लिया। तत्पश्चात् सीढ़ियों पर चढ़ने लगी।

ऊपरी सीढ़ी पर अकस्मात् मदन को खड़ा देख वह पहले झिझक उठी, फिर ऊपर तक चढ़ आयी।

मदन ने कहा—'राजेसुरी, तुम्हरी खातिर जौनि रचना हम रचा है तौनि तुमते छिपी न होई। नन्दन क अब तुम पाय नहीं सकत्यू। यहि ते भला यहै है...'

राजेसुरी ने क्रोध से उसकी ओर देखते हुए अविचलित कण्ठ से कहा—'बसि जबान अपने काबू मँ राखे। बड़ा ठाकुरु बना घूमत हई। पहिले

नन्दन के पाँयन कै धूरि तो होइले। अखाड़ेक कै माटी तो चाटा हई, अबै कसरि होय तो हम सुधारी त्वहि का।'

राजेसुरी सीधी खड़ी थी। मुखमुद्रा में भय का चिह्न-मात्र न था। मदन इस एकान्त स्थल में उसका कुछ बिगाड़ भी सकता है, इसकी आशङ्का उसे शायद तनिक भी न थी। नित्यप्रति खेती का काम करने वाली उसकी बांहें बलिष्ठ अवश्य थीं। बाएँ हाथ को मोड़े वह उसमें निचोड़ी धोती लटकाए थी, दाहिने की मानो मुट्ठी बाँधना ही चाहती थी। मदन ने देखा, महासरोवर के पानी से धुले उसके सुन्दर कपोल आरक्त हो उठे हैं; वेणी की एक लट छूट दाहिने कान के नीचे से होती हुई गले में लिपट रही है। उसने राजेसुरी की क्रुद्ध आँखों से अपनी आँखें मिलाईं, किन्तु एक क्षण में ही उसे उन्हें झुका लेना पड़ा। जब फिर उसने ऊपर को दृष्टि उठाई तो राजेसुरी को अपने से दस कदम आगे खलिहान की ओर लापरवाही से जाते देखा।

रमचन्दा ने आकर मदन का कन्धा हिलाया।

'बसि हैगै बहदुरी'—उसने मदन की खिल्ली उड़ाते हुए कहा।

'कुछु कहतै न बना हो वी साइति'—मदन ने लज्जित हो उत्तर दिया।

'कहतू का, कहतू तो मारु न खा जातू।'

मदन के कानों में राजेसुरी के अपमान-वाक्य अब अपने पूरे वेग के साथ बज उठे। 'नन्दन के पाँयन कै धूरि तो होइले।' ओह, और वह निर्जीव-सा सब सुनता रहा। अपमान के ऊपर अपमान! मदन क्षुब्ध हो उठा। दाँत पीसते हुए उसने कहा—'ई साइति ते चौबीस घण्टा के भीतर जो राजेसुरी हमरे पाँयन तरे न गिरी आय तो जानौ ठाकुर ते नहीं भङ्गी ते पैदा हन।'

राजेसुरी अब तक काफी दूर निकल गई थी। रमचन्दा और मदन भी गाँव की ओर चले।

राजेसुरी और नन्दन प्रायः एक साथ ही खलिहान आए, राजेसुरी नहा कर, नन्दन गाँव से। राजेसुरी ने धोती एक डाल पर वैसे ही टाँग दी। नन्दन विशेष चिन्तित दिखाई देता था। बैठकर पं. रामजियावन को सम्बोधन कर वह कहने लगा—'काल्हि सबेरे पं. दीनानाथ आये रहैं। हमतो तुम्हरे हियाँ चले आये रही, यहि ते जानित नहिंन का बातैं भईं। मुला पाछे ते मदनौ

आवा रहै औ आजु क फलदान चढ़ै क तै कराय दीन तेइस।'

राजेसुरी और उसके पिता फलदान की बात सुन अपनी व्यग्रता न छिपा सके।

नन्दन कहता गया—'काल्हि साम क दादा कहै लागि कि बजार ते समान लै आओ। हम कहा, यहु बिहाओ होई न, सामान क का होई? काल्हि तो कुछौ न बोले मुला आजु सबेरेहे ते उनके मूँड़े पर भूतु अस सवार है। कबौं अम्मा क बकति हैं, कबौं हमका। कबौं कहति हैं, जहरु खाय ल्याब, कुवाँ मँ बूड़ि मरब। कबौं कहति हैं, त्वहिका घर ते निकारि द्याब। जिमींदारी कै याक पाई ल्यात न द्याब। त्वै हमारि इज्जति-आबरू लै लेहे। अम्मा कहै लागीं—वहु सब तुम कुछौ न करिहौ। अन्नहक क रिसाति हऊ। मुला फलदान न चढ़िहैं। 'सबेरे ते येई धैना लागि हैं। आखिर क हम उठिकै चले आयेन।'

तीनों व्यक्ति चुप रहे। जिस प्रकार किसी पथिक के मार्ग में सहसा पहाड़ आ जाय और वह न जाने, किस ओर से जाऊँ, उसी प्रकार इस नवीन समस्या की गरिमा ने राजेसुरी और पं. रामजियावन के मस्तिष्क को आक्रान्त कर दिया। वे कुछ सोच न सके। केवल नन्दन अपने में दृढ़ था, पर्वत के सम्मुख पर्वत के समान।

कुछ देर बाद सब लोग चिन्तित गाँव की ओर चले।

नवाँ परिच्छेद

नन्दन ने घर पहुँचकर पिता को बाहर चौपाल में लेटे पाया। पण्डित शिवप्रसाद ने न नन्दन की ओर दृष्टि उठाई, न उससे कोई बात ही कही। भीतर जाकर उसने देखा, खाना-पीना हो गया है और माँ कोठरी में सो रही हैं। खमसार में चारपाई डालकर वह भी लेट गया। अभी तक वह नहाया न था, किन्तु इस समय नहाने-खाने की बिल्कुल इच्छा न थी। न खाने से प्रत्युत मस्तिष्क में उसे एक प्रकार की तेजी का अनुभव हुआ। बड़े वेग से विचार आते और चले जाते। धीरे-धीरे वह उन्हें सुश्रृङ्खलित करने लगा।

आज रात को फलदान चढ़ेंगे। पिता उसे बलात् एक बन्धन में बाँधना चाहते हैं। वह ऐसा समाज-भय से कर रहे हैं। जाति-बिरादरी के लोग जब भेद की बात सुनेंगे तो उससे सभी प्रकार का सम्बन्ध त्याग देंगे। विवाह हो जाने से शायद मदन बात न उघारे। पर पिता समाज से इतना डरते क्यों हैं? जो सत्य है, उससे भय क्या? बुआ का कलङ्क छिपाने से मस्तक कैसे ऊँचा हो जायेगा? जो पाप के लिए उत्तरदायी है, उसे उसका दण्ड भोगना ही चाहिए। फिर उन घटनाओं के लिए क्या दादा उत्तरदायी हैं? दादा से तो बुआ बड़ी थीं, नन्दन ने अपनी दादी से जो बातें सुनी थीं, उनसे तो यह ज्ञात होता है कि पिता उस समय हद-से-हद सोलह-सत्रह वर्ष के रहे होंगे।

नन्दन के बाबा पहले पूरे सुकलनखेरे के मालिक थे, पर नाच-गाने में उन्होंने सबका-सब बेच खाया। थोड़ा-बहुत जो बचा वह इसी सुर्जपुर में, किन्तु उसका भी एक बड़ा भाग महाजनों के हाथ गहने था। वह तो उसके पिता ने धीरे-धीरे सब छुड़ाया और अपनी जायदाद बढ़ाई भी। लड़की की शादी करने की फिक्र बाबा को तनिक न थी। जो रुपया आता, इधर-उधर

उड़ा देते। चार-छः हजार जोड़ कर उसका ब्याह करने की उन्होंने कभी चिन्ता न की।

नन्दन की दादी कहती थीं, उसकी बुआ बड़ी सुन्दरी थीं। बीस वर्ष तक वह अविवाहिता रहीं। सुकुलनखेरे का नौबतिया बिसाती उस समय रहा होगा तेईस चौबीस वर्ष का, जितना बड़ा नन्दन आजकल स्वयं है। अब तो उसके मुँह पर झुर्रियाँ पड़ गई हैं। बुआ का उसी से सम्बन्ध हो गया था। बाबा को इसकी जब कुछ खबर हुई तो उन्होंने कानपुर में उनका ब्याह पक्का किया। कोई स्कूल का मास्टर था, जो विवाह के लिए राजी हुआ। उसके कई विवाह हो चुके थे, किन्तु सभी पत्नियाँ उसे निःसन्तान छोड़ परलोक सिधारी थीं। कोई महा हीन ब्राह्मण होगा, नहीं तो बिना भारी रकम पाये विवाह के लिए तैयार कैसे हो जाता ? बुआ को जब वे लोग कानपुर लिवा ले गए, उस समय शायद उनके तीन मास का गर्भ था। ससुराल में उन्हें बहुत कष्ट दिए गए। कुलटा, व्यभिचारिणी, सभी तरह की गाली-गुप्ता—कुछ बाकी थोड़े रक्खा गया होगा। बुआ ने बाबा को लिखा, किन्तु उन्होंने न बुलाया। अन्त में नौबतिया ने कानपुर में ही अपने सम्बन्धियों के यहाँ उनका प्रबन्ध करा दिया।

छः महीने बाद उनके मृत शिशु उत्पन्न हुआ, साथ ही उनकी मृत्यु भी हुई। बहुत दुर्बल तो वह पहले से ही हो गई थीं। ससुराल वालों ने न जाने क्या-क्या कष्ट दिए होंगे, नहीं तो क्या वह मुसलमानों के यहाँ आश्रय लेतीं। किन्तु वहीं क्या सुख मिला होगा? एक गन्दे कच्चे घर में, जिसके बाहर टाट का पर्दा पड़ा होगा, भीतर सफेदी जमे मटकों पर मक्खियाँ भिनभिनाती होंगी, गन्दे अल्मोनियम और मिट्टी के बर्तन, चौका जिसमें कई दिन का राख-कूड़ा पड़ा होगा, सभी प्रकार के खाद्य-अखाद्य पदार्थ जिसमें बनते होंगे, ऐसे घर में सुख…?

नन्दन खाट पर उठ बैठा और दाहिने हाथ से जोर से पाटी पकड़ ली। उसके हृदय में विद्रोह की आग जल रही थी, किन्तु अभी तक वह समझ न पाया था किसके प्रति। वह किसी से प्रतिशोध लेना चाहता था, पर जानता न था किससे। घर में इस समय पूर्ण शान्ति थी। एक बिल्ली आँगन में आयी और नन्दन को देखती अटारी पर चढ़ गई। नन्दन एक लम्बी साँस ले पुनः लेट गया।

न जाने कितने कष्ट, कितनी यन्त्रणाएँ सहने के बाद उनके प्राण निकले होंगे। और यह सब इसलिए कि वह भरी जवानी में अपनी वासनाओं को न दबा सकीं; जबकि उनके पिता पचास को पार करके भी दिन-रात नाच-गाने में ही लगे रहते थे। बुआ ने पाप किया था, किन्तु उसका उत्तरदायित्व किसके ऊपर था? अवश्य ही बुआ के ऊपर नहीं। बाबा ने एक बार गलती की, उनकी शादी न करके; दूसरी बार की उन्हें फिर से अपने यहाँ न बुला कर। क्यों न बुलाया? जाति वालों के भय से ? हाँ, जाति वालों में क्षमा कहाँ, उन्हीं के भय से तो बुआ को विधर्मियों के यहाँ आश्रय लेना पड़ा।

उसी पुराने पाप का भय दिखाकर मदन दादा से दूसरा पाप कराना चाहता है। नन्दन को राजेसुरी से अलग कर ये सब संसार में उसे निराश्रय कर देना चाहते हैं। नन्दन को कलङ्की कहने के लिए सब तैयार हैं, किन्तु राजेसुरी की रक्षा का अपने ऊपर भार लेने वाले कितने हैं? राजेसुरी की भी काफी उम्र हो चुकी है। यद्यपि वह बड़े अच्छे चरित्र की लड़की है। जो बुआ ने किया, राजेसुरी वह किसी भी दशा में नहीं कर सकती। तथापि मदन आदि तो उसके लिए पाप का मार्ग साफ कर रहे हैं। राजेसुरी के आगे-पीछे कौन है? कल को जिनई की आँखें मुँद जायँ तो उसे कौन आश्रय देगा?

क्या विवाह कर नन्दन राजेसुरी की सहायता नहीं कर सकता? उसका किसी अच्छी जगह विवाह करा दे। रह जाएँगे जिनई, उनकी देखभाल वह किया करेगा। पिता कुएँ में डूबने, जहर खाने को कहते हैं, उनका कहना किस प्रकार टाला जाय?

नन्दन ने देखा, वह राजेसुरी का दूसरे पुरुष के साथ विवाहित होना नहीं सह सकता। तो क्या वह राजेसुरी को प्यार करता है?...हाँ, प्यार तो करता ही है। नन्दन को आश्चर्य हुआ, इतनी सीधी-सी बात वह अभी तक न जानता था। किसी और के साथ दिन भर खेत कटाने को उसका जी क्यों नहीं चाहता? उस दिन मदन ने राजेसुरी को छेड़ा था, तो उसे इतना क्रोध क्यों आया था?

हाँ, प्यार करता है, पर एक भाई अपनी बहन को प्यार करते हुए भी उसका दूसरे के साथ ब्याह हो जाने देता है। नन्दन के साथ तो ऐसा नहीं। यह कैसा प्यार है ? वह राजेसुरी पर अधिकार पाना चाहता है, उसे किसी

दूसरे को न दे अपने पास रखना चाहता है। इसीलिए तो वह अपने ब्याह से इतना घबराता है। इस प्यार में पाप है या पुण्य?

नन्दन कब सोया, उसे होश नहीं। जब उठा तो उसने मन्द-मन्द आने वाले नैश तिमिर की छाया से आक्लान्त संध्या के धूमिल आलोक को देखा। घर में नाई, बारी, पास-पड़ोस की दो-चार स्त्रियाँ कामकाज में व्यस्त थीं। उन्हीं की बातचीत से नन्दन की नींद टूटी, नहीं तो शायद वह अभी और भी देर तक सोया करता। उठते ही मस्तिष्क में उसे पूर्व तीव्रता का अनुभव हुआ। उसे ऐसा लगा जैसे सोया ही न हो, वरन् सोचता ही रहा हो। माथे की नसें खिंची-सी जाती थीं।

लोटे में पानी ले उसने हाथ-मुँह धोया। नाई ने नहाने के लिए कहा, पर उसने नाहीं कर दी। अटारी पर चढ़ उसने खुली छत पर खाट डाली और बैठ गया। घर में कामकाजी लोगों का कोलाहल सुनाई देता था। नन्दन ने सोचा, इन सबको पूर्ण विश्वास है, फलदान चढ़ेंगे। पश्चिम में सूर्य डूबे काफी देर हो गई थी। पास की नीम में अपनी दैनिक दौड़-धूप से लौटे कौओं का अस्पष्ट धीमा कल-कल खल-खल शब्द तथा कभी-कभी उनके पंखों की फटफटाहट सुनाई देती। आकाश में नन्दन ने एक, दो, फिर कई तारे देखे। उसका दिमाग अब भी किन्हीं क्रियाओं में तेजी से लगा था, किन्तु उसने उन्हें क्रमबद्ध करने का कष्ट न किया। धीरे-धीरे अन्धकार घनीभूत होने लगा। घर में लालटेनें जला दी गईं। नन्दन संज्ञाहीन-सा बड़ी देर तक अँधेरे में बैठा रहा। उसकी इन्द्रियाँ मानो उसके काबू में न थीं। किसी विचित्र गर्मी ने उसके सारे रक्तप्रवाह पर अधिकार-सा कर लिया था। उसे अपने भीतर केवल एक तेज हलचल का ज्ञान रहा। शरीर यंत्र-शक्ति के बाहर चालित हो मानो बड़ी-बड़ी मात्राओं में विद्युत् उत्पन्न करने में लगा हो।...

शंख का स्वर सुन नन्दन की तन्द्रा भङ्ग हुई। आकाश अब उज्ज्वल नक्षत्रों से भर गया था। एकादशी के चन्द्रमा का प्रकाश गाँव की खुली अटारियों पर बिखर रहा था। वह चुपके से नीचे उतरा। आँगन में वृद्ध बराहीं पंडित ऐनक लगाए गा-गाकर कथा कह रहे थे। पाँच-छः श्रोता भी थे। अभी शायद पहला ही अध्याय हुआ था। बाहर चौपाल में कोई न था। नन्दन को उसके पिता कहीं दिखाई न दिए। 'अबै तक दीनानाथ फलदान

लैकै नहीं आए'—उसने अपने मन में कहा।

धीरे-धीरे वह राजेसुरी के खलिहान की ओर चला।

पीपल के पत्तों से छनती चाँदनी के आलोक में नन्दन ने देखा, राजेसुरी अकेली चारपाई पर बैठी है। पं. रामजियावन वहाँ न थे। नन्दन एकटक उसे देखने लगा। वह क्या सोच रही है? उसी के फलदान के विषय में तो नहीं, अथवा सोच रही है उसका भविष्य नन्दन के भविष्य के साथ जुड़ा है या नहीं? राजेसुरी है गम्भीर, परन्तु इस प्रकार प्रायः अचेतन बन उसे सोचते तो उसने कभी नहीं देखा।

नन्दन ने पुकारा—'राजेसुरी।' वह चौंक पड़ी।

'दादा नहिंन का?' नन्दन ने पूछा।

'अबहीं दिसा क गेहैं'—राजेसुरी ने कहा। उसका हृदय जोर से धड़कने लगा। कैसे पूछे नन्दन से? नन्दन चुपचाप खड़ा है। उसके स्वर में राजेसुरी को कुछ दुःख का आभास भी जान पड़ा था। आह! सब हो चुका है। नन्दन अब क्यों आया है? राजेसुरी को ऐसा जान पड़ा जैसे अकस्मात् आकाश से गिर रही हो। पलक मारते पृथ्वी से टकरायेगी और शरीर के टुकड़े-टुकड़े हो जाएँगे। हृदय की अधीरता को वह अधिक अपने वश में न रख सकी।

'नन्दन'—आज पहले नाम लेकर उसने नन्दन को पुकारा—'घर मँ का है रहा है?'

नन्दन ने देखा, उसका गला भर आया है।

'कुछ नहीं, घबराओ न राजेसुरी। अबै कथा है रही है। दीनानाथ नहीं आए।'

राजेसुरी ने देखा, नन्दन उसके हृदय की हलचल को पूरी तरह समझ गया है। वह लज्जित हुई। फिर हृदय धड़कने लगा, किन्तु इस बार पूर्व वेग के साथ नहीं।

उसने मन में कहा—'कथा है रही है, मुला अबै दीनानाथ नहीं आए, पूजा है रही है, चौक पूरी जाति है, बलि देय क बोकरा बाँधा है, खाली अबै पुरोहित नहीं आए।'

नन्दन ने थोड़ी दूर पर जिनई को आते देखा, बोला—'आओ, वी बिरवा तरे बैठी चलै।'

राजेसुरी यंत्रचालित-सी उठी, निर्दिष्ट वृक्ष के नीचे एक जड़ पर जाकर

बैठ गई। दूसरी पर नन्दन बैठा। वृक्ष बहुत सघन न था, चाँदनी आती थी।

जिनई ने पुकारा—'बिटिया!'

'हियाँ हन दादा'—नन्दन ने कहा।

'अच्छा'—जिनई ने सन्तोषपूर्ण स्वर में कहा। राजेसुरी ने भी जाने का आग्रह न किया।

नन्दन ने जिनई को सम्बोधित कर पुनः कहा—'दादा, घर मँ कथा है रही है, मुला अबै दीनानाथ नहीं आए।'

जिनई ने फिर 'अच्छा' कहा।

इस 'अच्छा' में 'देखें क्या होता है' का भाव था।

राजेसुरी ने कहा—'नहीं आये, तो अउतेहे है हैं। तुम काहे चले आयो ?'

पहले नन्दन की समझ में न आया कि राजेसुरी उससे यह क्यों पूछ रही है।

'काहे न चले आयी। वी सब जने हुआँ अपने मन ते फलदान, कथा, जौं चहैं तौं कै लेंय। हमार कौनो जोरु है ?'

राजेसुरी ने देखा, उसकी बात से नन्दन का जी दुखा है।

नन्दन ने कहा—'राजेसुरी, फलदान न चढ़िहै, ना चढ़ि है…'

वह आगे कुछ न कह सका। अपनी दृढ़ता किन शब्दों में प्रकट करे, वह समझ न सका।

राजेसुरी को प्रतीत हुआ, वह स्वयं नन्दन से यह सब कहला रही है। उसकी अधीरता, कातरता ने नन्दन को व्यथित कर दिया है। फलदान न चढ़ेंगे तो कथा क्यों हो रही है? नन्दन उसे आश्वासन देने के लिए यह सब कह रहा है। नहीं, आश्वासन नहीं चाहिए। उसके साथ रहने का अर्थ है, पाप, कलङ्क, माता-पिता से शत्रुता, गाँव भर का चवाव। नन्दन इस पाप-पङ्क में क्यों फँसने लगा? मदन ने जो दूसरा कलङ्क प्रकट करने की बात कही है, सो अलग। नन्दन दयावश अभी तक उसकी सहायता कर दिया करता था, दादा को बूढ़ा जान खेत कटवा देता था। पर इसका अर्थ यह तो नहीं कि राजेसुरी के लिए वह अपना कुटुम्ब, जाति, संसार तक छोड़ने के लिए तैयार हो जायेगा।

'नन्दन'—उसने कहा—'तुम लरिका नहीं हो, अपन भला-बुरा समुझति हौ। फलदान न चढ़िहैं तो मदन सारे गाँव मँ तुम्हारे घर का बदनाम करी।

सबुइ तुमहीं क थूकी।'

'हम सब सोचि चुकेन हैं'—नन्दन ने उत्तर दिया—'पाप करै मँ कायरता है, वहि के प्रगट करै मँ वीरता। याक पाप का छिपाय कै दूसरु पापु करब समुझदारी न आय!

राजेसुरी को फिर लगा, नन्दन उसी के लिए सब कलङ्क, सब लाञ्छन सहने को कह रहा है। जैसे उसमें उसका कोई स्वार्थ न हो। किन्तु हृदय भी मानो धीरे-धीरे कहता जाता हो, नहीं, नन्दन जो कह रहा है, करेगा। उसे राजेसुरी से प्रेम है और वह अटूट है, अमर है।

राजेसुरी ने कहा—'एकु कलङ्क लेहौ तो दूसर लागी। कोहू क मुँहु देखावै लायकु रहिहौ? हम जैसी अभागिन के पाछे···।'

वह आगे न कह सकी। लज्जा और निराशा से उसका हृदय कातर हो उठा। वह सिसक-सिसक कर रोने लगी।

नन्दन तेजी से उठकर खड़ा हो गया। अपनी गदेलियों को जोर से एक दूसरे से मसलते हुए उसने कहा—'राजेसुरी, जो है सकत तो छाती चीरि कै तुमका भीतर बैठाय लेइत, जी माँ हमरे तुमही तुम हौ। तुमका ककस एतबार होय···'

वह दाँत पीसने लगा। हो सकता तो अपने घूँसे से आकाश को तोड़ देता, अपने पादप्रहार से धरती को फाड़ अपने आवेग का परिचय देता।

राजेसुरी के हृदय में निराशा न रही, लज्जा रही। आशा और प्रेम का एक नव-स्रोत मानो हृदय में फूट पड़ा हो। उसकी आँखों से और भी तेजी से आँसू झरने लगे।

नन्दन बैठ गया। उसकी आँखों में भी आँसू आ गए। उसने कहा—'राजेसुरी।'

नन्दन का कण्ठ भर्राया हुआ था।

'तुम दुखी न होअ···'—राजेसुरी ने 'तुम' पर जोर देते हुए कहा। 'हम जानित है···मुला हाय राम! का होई!'

नन्दन को आश्वासन मिला। मानो वर्षों से कठोर तप करने वाले तपस्वी से उसके आराध्य देव ने कहा हो—'तेरी तपस्या स्वीकार है।'

'होई कुछौ न'—थोड़ी देर में राजेसुरी की बात का उत्तर देते उसने कहा—'गाँव वाले कहिहैं, नन्दन पापी है, यहिका बाप पापी है, यहिका बाबा

पापी रहै। यहिके हियाँ कोऊ पानी न पियौ। नन्दन महा नीच, महा कलङ्की है; औरु का कहिहैं? मुला हम खूब स्वाचा है, जेहि का वी कलङ्क कहति हैं, वहु कलङ्क न आय, पापु न आय। मदन ते डेराय कै बिहाओ कै लेबु पापु आय, तुमका छाँड़ि देबु कलङ्क आय··हमरे जी मँ जो पापु नहिन तो दुनिया के कहे ते का होत है? हम जानित है, गाँव में जेत्ता याक चमार क आदरु होत है, वत्ता हमार न होई। कोऊ काजे-कामें मँ न आयी। कोऊ बोली-बतलाई न। गाँव मँ सबते अलग अछूत असि रहिबै। मुला साथ मँ तुम तो है हौ।'

दो क्षण तक रुककर वह उस चित्र का ध्यान करता रहा। फिर बोला–'तुम्हरे दुआरे बरात सजि कै न आयी। जङ्गी ढ्वालैं न बजिहैं, खंभु गाड़ि कै हमरी-तुम्हरी भँवरी न होइहैं, मुला हमका-तुमका को अलग कै सकत है? यहु द्याखौ'–नन्दन ने राजेसुरी का दाहिना हाथ जोर से अपने दोनों हाथों से दबाते कहा–'यहु हमार पानिग्रहन आय। धरती, अकाश, चन्द्रमा हमरे प्रेम के साक्षी हैं।···'

किसी ने पुकारा–'नन्दन।'

'द्वरिकवा नाऊ आय'–राजेसुरी का हाथ पकड़े ही नन्दन ने कहा–'तीं देखि लेई का कहत है।'

उसने धीरे सें हाथ छोड़ दिया।

'नन्दन'–फिर आवाज आयी।

'आयी थै'–नन्दन ने उत्तर दिया।

राजेसुरी का वश चलता तो नन्दन का हाथ पकड़े रहती; किन्तु वैसा न कर सकी। नन्दन उठकर द्वारिका नाऊ से बात करने चला गया।

राजेसुरी एक विचित्र आकुलता का अनुभव करने लगी। कहीं आज की रात उसकी एक लम्बी साँस के साथ उड़ जाती। नन्दन को कोई गाँव से बुलाने आया है, वह जायेगा। कोई उसको वहीं बलात् रोक ले? राजेसुरी के पास फिर न आने दे? नन्दन जायेगा, वह उसे कैसे रोके? नन्दन कहेगा, इसे तनिक भी सबूरी नहीं, कितनी अधीर है। यदि उसकी आँखों की मौन भाषा नन्दन के पैरों को बाँध सकती!

नन्दन ने लौटकर कहा–'राजेसुरी, दादा द्वरिकवा नाऊ क पठैनि है, हमका बौलावै का।'

राजेसुरी ने नन्दन के मुँह की ओर देखा। नन्दन ने उन अश्रुसिक्त

आँखों में जो भाव देखा, उसे ठीक-ठीक शब्दों के रूप में न समझ सका।

उसने कहा—'राजेसुरी, लुके-छिपे तो काम चली न! सबका सामनै करब ठीक है। चटकइही लौटि के अइबे। जौं कहि दीन है, वहि का ब्रह्मौ नहीं मेटि सकतीं। तुम मन माँ कौनिउ बात कै चिन्ता न कीन्ह्यो।'

राजेसुरी चुप रही।

'जाई ?'—नन्दन ने पूछा।

'जाओ'—राजेसुरी ने भरे गले से, स्वर को सँभालते हुए धीरे से कहा।

नन्दन दो क्षण उसके मुँह की ओर देखता रहा, फिर पीठ फेर गाँव की ओर चल दिया।

राजेसुरी कुछ देर वहीं बैठी रही। फिर आँचल से आँखें पोंछ अपने पिता से सब बतलाने खलिहान चली।

दसवाँ परिच्छेद

नन्दन जब घर पहुँचा तो चौपाल में जैसी वह समझता था, भीड़ न थी। जाजिम पर उसके पिता, पं॰ दीनानाथ, बराहींदीन, मदन तथा गाँव के दो-चार और ब्राह्मण-ठाकुर बैठे थे। एक ओर फलदानों का थाल रक्खा था। शिवप्रसाद और दीनानाथ दोनों ही बहुत उद्विग्न दिखाई देते थे, विशेषकर शिवप्रसाद। मदन के मुख पर अधीर उत्सुकता नाच रही थी।

पं॰ बराहींदीन ने कहा—'आ गयो बेटा नन्दन। तुम्हरि ही तो देर दार रहै। औरु सब काम हियाँ रैट है। अरे द्वरिकवा, जा इनका झटपट नहवा तो ला!'

नन्दन ने खड़े-ही-खड़े कहा—'हम ना नहैबे!'

पं॰ बराहींदीन ने शिवप्रसाद की ओर देखा और पं॰ शिवप्रसाद ने बराहींदीन की ओर। एक ने मानो कहा—'अब क्या करें?' तो दूसरे ने कहा—'तुम्हीं करो अब जो कर सकते हो!'

'बिना नहाये फलदान ककस चढ़िहैं'—पं॰ बराहींदीन ने कहा—'शुभ कार्ज में बिघ्न न डारै क चही। जेत्ती देर करिहौ, वत्तिही राति बीती।'

नन्दन चुप रहा। थोड़ी देर में पं॰ बराहींदीन ने फिर कहा—'जाओ, नहाय आओ जाय। स्वाचति का हऊ ठाढ़े? यह तुम्हरे पिता कै आज्ञा है। एकु जमाना वहु रहै जब बिना कहे अपने मनै ते समुझि कै पिता कै आज्ञा मानब पुत्र क धर्म रहै। जो कह्यो पै न मानै वहि का महाघोर रौरव नर्क मिलत है।'

नन्दन अब भी चुप रहा। पं॰ शिवप्रसाद ने एक बार उसकी ओर देख कुछ कहने की चेष्टा की किन्तु कह न सके। नन्दन ने देखा, उसके पिता अत्यन्त कातर हैं। समाजनिन्दा के भय ने उनके हृदय को बुरी तरह दबा

लिया है। साथ ही नन्दन के ऊपर भी क्रोध है। भय और क्रोध ने उन्हें एकदम अशक्त कर दिया है। एक भारी कलङ्क से वह उनकी रक्षा कर सकता है, किन्तु वह उन्हें मिट्टी में ही मिलाने पर तुला हुआ है। यदि मदन पं॰ शिवप्रसाद से कहता कि तुम सुखरानी से विवाह कर लो तो शायद वह एक क्षण का भी विलम्ब न लगाते। अपने पिता पर नन्दन को तरस आया।

उसने कहा—'दादा, तुम नाहक दुखी होति हो, जौं कुछु हो क होई, हमका होई। हम वहिकी खातिर तयार हन।'

मदन को छोड़ पं॰ बराहींदीन आदि की समझ में नन्दन की बात न आयी। पं॰ शिवप्रसाद का मुँह अकस्मात् क्रोध से लाल हो उठा। दोनों हाथों की मुट्ठियाँ बाँध उन्होंने कुछ कहना चाहा, किन्तु फिर गले से शब्द न निकले। उनकी आँखों को देख एक बार नन्दन सिहर उठा। दूसरे ही क्षण उनमें अक्षमता के आँसू भर आये। नन्दन को अपनी भूल मालूम हुई। उसने एक ऐसी बात की ओर सङ्केत किया था, जो औरों से अभी तक गुप्त थी।

नन्दन ने देखा, मदन मुस्करा रहा है, शायद उसे नन्दन के चेहरे पर कुछ ढीलापन दिखाई दिया हो। पं॰ बराहींदीन कुछ कहने जा रहे थे कि नन्दन ने अपने आपको सँभाल कर दृढ़तापूर्वक कहा—'पण्डित जी, सौ बात कै याक बात कहित है। फलदान न चढ़िहैं। अन्नहक का दिक्क न होअ।'

पं॰ बराहींदीन पहले शान्ति से काम लेना चाहते थे, किन्तु नन्दन को अपने साथ भी उच्छृङ्खलता का व्यवहार करते देख नथुने फुला और स्वर को कुछ ऊँचा कर उन्होंने कहा—'औ काहे न फलदान चढ़िहैं, हम पूछित है? अब लरिका तो हौ नहिंन, कब तक कुँआर बैठि रहिहौ? जब याक जगा तुम्हार बापु तुम्हार बिहाओ तै कै चुका है, तो तुमका कौनि आपत्ति है सकति है?'

'हमका कौनिउ आपत्ति होय'—नन्दन ने नीचे देखते उत्तर दिया—'मुला हम बिहाओ न करिबे।'

पं॰ बराहींदीन को विश्वास हुआ, तीर निशाने पर बैठा। अबकी बार अपनी समझ में उन्होंने पहले से और तीखा तीर तरकस से निकाला।

'हाँ, हमहूँ समुझित है, काहे बिहाओ न करिहौ। तीं हमहूँ दुनिया दीख है। मुला जौं चहति हौ, तौं होई ना! वहि माँ तुम्हरे बंस क गौरव न बढ़ी। गाँव माँ औरौ कोऊ तो रहत है। जो तुम्हारि लरिकई चलि जाय तो जानो

हमरे भये लीपा नहीं गा।'

नन्दन समझ गया, संकेत उसके और राजेसुरी के सम्बन्ध की ओर है। क्रोध और लज्जा से वह काँप उठा। नीचे देखता रहा। क्या कहे, कुछ समझ में न आया।

पं॰ बराहींदीन ने शत्रु को आधा परास्त जान उसे एक पल का भी विश्राम न लेने देने की इच्छा से अपनी मार कायम रखते कहा–'भले घरे के लरिका है कै तुमका सरम नहीं लागति, खुद बदनाम होति हऊ, औ साथ मँ दुसरव्यो क बदनाम कर्ति हऊ! जो तुम्हार बांपु तुमका सुराह पर लगावत है तो उल्टा जवाब देति हऊ?'

नन्दन क्रोध को यथाशक्ति रोक बोला–'पण्डित जी, ई सब बातें सुनै के हम आदी नहीं हन, तुम वृद्ध हौ यहि ते कुछौ नहीं कहित। मुला अब चुपाय रहौ।'

पं॰ बराहींदीन अब आपे से बाहर होकर बोले–'कहै क का अबै कुछौ बाकी राखा हई कि करै क कुछौ बाकी राखा हई। दुइ जूता मारै क होय तो चहै ओऊ मारि ले।'

नन्दन कुछ उत्तर न दे दूसरे चबूतरे पर पैर लटकाकर बैठ गया। उसकी दृष्टि पं॰ दीनानाथ पर पड़ी। चित्र लिखे से नीचे को आँखें किए बैठे थे। मुख पर एक विचित्र भावहीन कालिमा थी।

उन्होंने धीरे से पं॰ शिवप्रसाद के कान के पास मुँह ले जाकर कहा–'तो तुमहीं फलदान लै लियो चलै। फिरि दीख जाई।'

यद्यपि बात धीरे से कही गई थी, किन्तु उसे सुना सभी ने।

पं॰ बराहींदीन ने कहा–'अच्छा तो ऐसै करौ, अब फलदान लौटि कै तो जइहैं ना।'

नन्दन ने मन में कहा–'हाँ, उनहिंन क बेहिउ दीन्ह्यों।'

पं॰ शिवप्रसाद ने नन्दन की ओर एक बार निराशा भरी दृष्टि डालकर कहा–'तो चलो।'

पं॰ दीनानाथ ने फलदान का थाल उठाया। पं॰ शिवप्रसाद उठ खड़े हुए। पं॰ बराहींदीन उठने जा ही रहे थे कि पं॰ शिवशेखर द्विवेदी केवल धोती पहने, खड़ाऊँ पर चट्ट-चट्ट करते जल्दी-जल्दी कुछ घबड़ाए से आकर बोले–'का फलदान चढ़िगा?'

'अबै नहीं'—पं॰ बराहींदीन ज़मीन पर हाथ टेक जितना उठे थे, वहीं रुककर बोले—'काहे?'

'तीं सुनो पण्डित जी'—द्विवेदी जी ने पं॰ दीनानाथ को लक्ष्य कर कहा।

पं॰ शिवप्रसाद के मुँह पर हवाइयाँ उड़ने लगीं। पं॰ दीनानाथ धीरे-धीरे द्विवेदी जी की ओर चले, जैसे कैदी सजा सुनकर जेल जा रहा हो।

पं॰शिवशेखर ने उन्हें एक ओर ले जाकर, उनके कान में कुछ कहा। शिवप्रसाद ने देखा, वह चौंक से पड़े। उनके मुँह से हठात् एक आह निकल गई।

पं॰ दीनानाथ ने लौट आकर कहा—'फलदान न चढ़िहैं!!'

पं॰ शिवप्रसाद मानो पहले से ही यह सुनने को तैयार थे। सिर नीचा किए बैठे रहे।

पं॰ बराहींदीन ने आश्चर्य से पूछा—'काहे?'

'इनके हियाँ याक पै है'—पं॰ दीनानाथ ने संक्षेप में उत्तर दिया।

नन्दन उठकर चल दिया।

वह जल्दी-जल्दी खलिहान की ओर बढ़ चला। उसे पं॰ दीनानाथ पर हँसी आयी। कैसे सीधे बन गए, मानो इस पै को जानते ही न थे। चलो अच्छा ही हुआ। जो बात एक दिन फूटती ही, आज ही सबको मालूम हो गई।

शुभ्र चाँदनी में उसने दूर से ही देखा, राजेसुरी खलिहान के बाहर खड़ी उसकी प्रतीक्षा कर रही है। वह दौड़कर उसके पास पहुँचा। पहली बार लज्जा त्याग विक्षिप्त की भाँति उसने उसे अपने बलिष्ठ बाहुपाश में बाँध लिया। आवेग से काँपते स्वर में कहा—'फलदान नहीं चढे।' राजेसुरी के हृदय से बलात् एक दीर्घ निःश्वास छूट पड़ी।

उपसंहार

सुर्जपुर में नन्दन और राजेसुरी की कहानी आबाल-वृद्ध किसी भी स्त्री-पुरुष से सुनी जा सकती है। उनका सम्बन्ध ही गाँव वालों की दृष्टि में इतना असाधारण और अस्वाभाविक है। पहले पण्डित शिवप्रसाद की बहिन के कलङ्क की बात को लेकर काफी चवाव रहा, किन्तु नन्दन और राजेसुरी की बातें करने में शायद लोगों को विशेष आनन्द आया, इसलिए वह बात दब-सी गई।

नन्दन कुछ दिनों तक जिनई के यहाँ रहा, बाद को उसकी माँ ने उसके पिता से उसकी सन्धि करा दी। नन्दन ने विधिपूर्वक राजेसुरी का पाणिग्रहण न किया। इससे किन्हीं वृद्ध पुरुषों की दृष्टि में वह खटका करता है। उसके यहाँ कोई खाता-पीता नहीं, किन्तु गाँव के सभी नवयुवक उससे प्रेम करते हैं। कभी-कभी उच्छृङ्खलता से अकेले में उसके यहाँ कुछ खा-पी भी आते हैं। ऐसा करने पर अपने में कोई अन्तर न देख वह आपस में बूढ़ों पर हँसते हैं।

कुछ दिनों तक नन्दन राजेसुरी के साथ खेतों में काम कराता रहा, किन्तु बाद को उसने राजेसुरी का काम करना बन्द करा दिया। मजदूर रखकर अकेले ही खेती की देख-भाल करने लगा।

साल भर बाद राजेसुरी के एक लड़का हुआ। इस बात को लेकर गाँव में छः महीने पहले से लगाकर छः महीने बाद तक बड़ी चर्चा रही। किन्तु बालक बड़ा सुन्दर और स्वस्थ था। पं. रामजियावन उसे लेकर बड़े प्रेम से खिलाते। नन्दन भी जब राजेसुरी के साथ अकेला होता, उसे चूम लेता।

पं. शिवशेखर द्विवेदी की राजेसुरी से विवाह करने की सारी चेष्टाएँ जब व्यर्थ हुईं और उसके एक लड़का भी हो गया, तो संसार का माया-मोह त्याग, जैसा कि वह गाँव वालों से कहते—उन्होंने अपने शिष्य देवीदत्त को सुखरानी के साथ ब्याह दिया।

भटन अब भी रामनगर जाया करता है।

□□□